Container, Docker und Kubernetes

Eine praxisnahe Einführung in die
Container-Orchestrierung

Philipp Sattler

Impressum

1. Auflage

Copyright © 2024 Philipp Sattler, Aichach

Alle Rechte vorbehalten.

ISBN:	9798340218391
Autor:	Philipp Sattler c/o COCENTER Koppoldstr. 1 86551 Aichach
Internet:	www.philippsattler.de
Mail:	hi@philippsattler.de

Über dieses Buch

Copyright

Dieses Buch, einschließlich aller darin enthaltenen Texte, Grafiken und Abbildungen, ist urheberrechtlich geschützt. Jede unautorisierte Vervielfältigung, Verbreitung oder Verwendung des Inhalts, ob ganz oder teilweise, ist ohne ausdrückliche schriftliche Zustimmung des Autors verboten. Ausnahmen können durch geltende Urheberrechtsgesetze zugelassen sein.

Alle in diesem Buch verwendeten Markennamen, Warenzeichen, Logos und Produktnamen sind Eigentum ihrer jeweiligen Inhaber und werden nur zu Identifikationszwecken verwendet. Ihre Verwendung impliziert keine Empfehlung oder Unterstützung durch den Autor.

Haftungsausschluss

Der Autor hat alle Anstrengungen unternommen, um sicherzustellen, dass die Informationen in diesem Buch korrekt und vollständig sind. Dennoch übernimmt der Autor keine Haftung für etwaige Fehler oder Auslassungen sowie für Handlungen, die auf den Inhalt dieses Buches zurückzuführen sind.

Dieses Buch dient zu Bildungszwecken und stellt keine Garantie für die korrekte Funktionsweise des in den Beispielen dargestellten Codes dar. Der Autor haftet nicht für etwaige Verluste, Schäden oder Nachteile, die durch die Anwendung der im Buch vorgestellten Methoden, Codes oder Techniken entstehen.

Der Leser wird ermutigt, seine eigenen Tests und Bewertungen durchzuführen, bevor er Code in produktiven Umgebungen anwendet.

Inhalt

Vorwort

Die moderne Softwareentwicklung hat in den letzten Jahren einen rasanten Wandel durchlaufen. Mit der zunehmenden Komplexität von Anwendungen und der wachsenden Nachfrage nach Skalierbarkeit, Zuverlässigkeit und Flexibilität hat sich eine Technologie besonders hervorgetan: Containerisierung. Diese Technologie, angetrieben durch Werkzeuge wie Docker und Kubernetes, hat die Art und Weise revolutioniert, wie wir Anwendungen entwickeln, bereitstellen und verwalten.

Als ich begann, mich intensiv mit Containern, Docker und Kubernetes auseinanderzusetzen, war mir schnell klar, dass diese Technologien nicht nur eine technische Weiterentwicklung darstellen, sondern einen tiefgreifenden Paradigmenwechsel in der IT-Landschaft. Sie ermöglichen es Unternehmen, sich schneller an veränderte Marktanforderungen anzupassen und bieten Entwicklern die Möglichkeit, innovative Lösungen effizient und sicher bereitzustellen.

In den kommenden Kapiteln werden Sie auf eine Reise durch die Welt der Container, Docker und Kubernetes mitgenommen. Von den grundlegenden Konzepten über die Implementierung in Produktionsumgebungen bis hin zu zukunftsweisenden Trends – mein Ziel ist es, Ihnen ein solides Fundament und wertvolle Einsichten für die Arbeit mit diesen Technologien zu vermitteln.

Kapitel 1: Was sind Container?

Container haben in den letzten Jahren erheblich an Bedeutung gewonnen und die Art und Weise, wie Software entwickelt, getestet und bereitgestellt wird, grundlegend verändert. In diesem Kapitel werfen wir einen detaillierten Blick auf die Grundlagen von Containern. Wir werden die Geschichte und Entwicklung der Container-Technologie nachzeichnen, sie mit der klassischen Virtualisierung vergleichen und die Vorteile der Container-Nutzung für moderne Softwarearchitekturen beleuchten.

1.1 Geschichte und Entwicklung der Containerisierung

Die Idee der Containerisierung ist nicht neu. Tatsächlich reichen die Wurzeln bis in die 1970er Jahre zurück, als erste Konzepte der Betriebssystemvirtualisierung auftauchten. Der Vorläufer der heutigen Container-Technologien findet sich in sogenannten **Chroot**-Jails, die 1979 im Unix-Betriebssystem eingeführt wurden. Chroot ermöglichte es, den Root-Verzeichnisbaum eines Prozesses auf einen spezifischen Verzeichniszweig zu beschränken, wodurch der Prozess von anderen Teilen des Systems isoliert wurde. Dieses Konzept bildete die Grundlage für die spätere Entwicklung von Containern.

In den 2000er Jahren führten Technologien wie **Solaris Zones** (2004) und **OpenVZ** (2005) zur weiteren Verfeinerung der Betriebssystemvirtualisierung. Diese Technologien erlaubten es, mehrere isolierte Instanzen auf demselben Kernel laufen zu lassen. Der entscheidende Durchbruch kam jedoch mit der Einführung von **LXC (Linux Containers)** im Jahr 2008. LXC nutzte Linux-Kernel-Features wie **Namespaces** und **Control Groups (cgroups)**, um eine vollständige Prozessisolation zu ermöglichen.

Der wirkliche Hype um Container begann aber erst 2013, als Docker das Licht der Welt erblickte. Docker machte es erstmals einfach und benutzerfreundlich, Container zu erstellen, zu verwalten und über verschiedene Umgebungen hinweg auszuführen. Seitdem hat Docker die Containerisierung revolutioniert und sie zu einer Kerntechnologie in der modernen Softwareentwicklung gemacht.

1.2 Vergleich mit Virtualisierung

Um die Besonderheiten von Containern zu verstehen, ist es wichtig, sie im Vergleich zur klassischen Virtualisierung zu betrachten. Virtualisierung und Containerisierung verfolgen zwar ähnliche Ziele – nämlich die Bereitstellung isolierter Umgebungen für Anwendungen –, unterscheiden sich jedoch grundlegend in der Art und Weise, wie sie diese Isolation erreichen.

Virtualisierung

Bei der klassischen Virtualisierung, wie sie etwa von Virtual Machine (VM)-Lösungen wie **VMware**, **VirtualBox** oder **Hyper-V** genutzt wird, wird eine vollständige virtuelle Maschine inklusive eines eigenen Betriebssystems auf einer physischen Maschine ausgeführt. Jede VM hat ihren eigenen Kernel und ihre eigenen Ressourcen, was zwar eine vollständige Isolation bietet, aber auch viel Overhead verursacht. Jede VM benötigt ihren eigenen Speicherplatz, CPU und RAM, und das Gast-Betriebssystem muss vollständig gebootet werden, was viel Zeit und Ressourcen verbraucht.

Containerisierung

Container hingegen teilen sich den Kernel des Host-Betriebssystems und sind damit deutlich schlanker und schneller als virtuelle Maschinen. Statt ein komplettes Betriebssystem zu virtualisieren, isolieren Container lediglich die

Anwendung und ihre Abhängigkeiten. Dies führt zu weniger Overhead und einer schnelleren Bereitstellung. Container starten in Sekundenschnelle, da sie keinen eigenen Kernel booten müssen, sondern den Kernel des Hosts verwenden.

Der Unterschied lässt sich vereinfacht wie folgt zusammenfassen:

- **Virtuelle Maschinen** virtualisieren die Hardware, was bedeutet, dass jede VM ein vollständiges Betriebssystem benötigt.
- **Container** virtualisieren das Betriebssystem und teilen sich den Kernel, wodurch sie leichtgewichtiger und effizienter sind.

Die nachfolgende Abbildung könnte hier den Unterschied zwischen VMs und Containern visualisieren: VMs mit vollständigem OS-Stack und Containern, die sich einen gemeinsamen Kernel teilen.

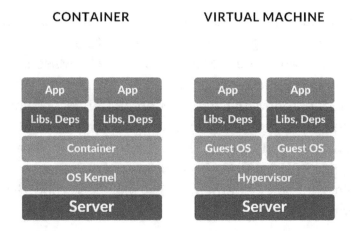

1.3 Vorteile der Container-Nutzung

Container bieten eine Reihe von Vorteilen, die sie zur bevorzugten Technologie in vielen modernen Softwareentwicklungs- und Betriebsumgebungen machen:

3

1.3.1 Konsistente Umgebungen

Einer der größten Vorteile von Containern ist die Möglichkeit, Anwendungen zusammen mit all ihren Abhängigkeiten in einer isolierten, konsistenten Umgebung zu paketieren. Dies löst das altbekannte Problem von „It works on my machine" – also Anwendungen, die auf dem Entwicklungsrechner funktionieren, aber in der Produktionsumgebung Fehler verursachen. Da Container unabhängig von der zugrunde liegenden Infrastruktur laufen, kann eine Anwendung in jeder Umgebung – sei es lokal, in der Cloud oder in einem Rechenzentrum – identisch betrieben werden.

1.3.2 Leichtgewichtigkeit

Da Container sich den Kernel des Host-Systems teilen und keine eigenen Betriebssysteminstanzen benötigen, sind sie wesentlich leichter als virtuelle Maschinen. Sie verbrauchen weniger Ressourcen und können effizienter auf einem Server betrieben werden. Dies ermöglicht es, mehrere Container auf demselben Host auszuführen, was zu einer besseren Ressourcennutzung führt.

1.3.3 Schnellere Bereitstellung und Skalierbarkeit

Container können innerhalb weniger Sekunden gestartet werden, da sie nicht den Overhead eines vollständigen Betriebssystems haben. Dies macht sie ideal für Microservices-Architekturen und Cloud-Native-Anwendungen, die häufiges Skalieren und schnelles Bereitstellen erfordern. Container-Plattformen wie Docker in Kombination mit Orchestrierungslösungen wie Kubernetes ermöglichen es, Anwendungen automatisch zu skalieren und Lasten effizient zu verteilen.

1.3.4 Isolierung und Sicherheit

Durch die Nutzung von Namespaces und cgroups bietet Containerisierung eine hohe Isolation zwischen Anwendungen. Jeder Container läuft in seiner eigenen isolierten Umgebung, was das Risiko minimiert, dass eine Anwendung andere Prozesse auf dem Host-System beeinflusst. Zudem können Zugriffsrechte und Netzwerkverbindungen zwischen Containern und dem Host-System streng reguliert werden, was die Sicherheit erhöht.

1.3.5 Portabilität

Container sind portabel und lassen sich problemlos zwischen verschiedenen Umgebungen verschieben. Ein Container-Image, das auf einem lokalen Rechner entwickelt wurde, kann ohne Änderungen in einer Cloud-Umgebung oder in einem anderen Rechenzentrum ausgeführt werden. Dies erleichtert die Zusammenarbeit und die Verteilung von Anwendungen erheblich.

1.4 Anwendungsbeispiele

Die Vorteile von Containern machen sie zur idealen Lösung für eine Vielzahl von Szenarien:

- **Microservices-Architekturen**: Container eignen sich hervorragend zur Ausführung von Microservices, da sie eine klare Trennung der Dienste und eine einfache Skalierbarkeit ermöglichen.
- **DevOps-Praktiken**: In DevOps-Umgebungen ermöglichen Container eine nahtlose Zusammenarbeit zwischen Entwicklung und Betrieb. Anwendungen können durch Container schneller von der Entwicklungs- in die Produktionsphase überführt werden.

- **Continuous Integration und Continuous Deployment (CI/CD)**: Container können leicht in CI/CD-Pipelines integriert werden, wodurch die Automatisierung von Builds, Tests und Bereitstellungen optimiert wird.

1.5 Zusammenfassung

Container bieten eine leistungsstarke und flexible Lösung zur Isolation von Anwendungen und deren Bereitstellung in unterschiedlichen Umgebungen. Im Vergleich zur klassischen Virtualisierung sind sie ressourcenschonender und schneller zu starten, was sie ideal für moderne Software-Architekturen wie Microservices und Cloud-Native-Anwendungen macht. Docker hat die Verbreitung von Containern maßgeblich vorangetrieben, und Kubernetes sorgt dafür, dass diese Container in großem Maßstab orchestriert und verwaltet werden können.

Im nächsten Kapitel werden wir uns eingehender mit dem Ökosystem der Container-Technologien befassen und uns genauer anschauen, welche Werkzeuge und Konzepte rund um Container existieren.

Kapitel 2: Container-Ökosystem

Nachdem wir im ersten Kapitel die Grundlagen von Containern und ihre Vorteile beleuchtet haben, widmen wir uns nun dem umfassenden Ökosystem, das sich um Container entwickelt hat. Container alleine sind nur ein Baustein moderner Anwendungsarchitekturen. Um Container effektiv in der Praxis nutzen zu können, sind eine Reihe von zusätzlichen Werkzeugen und Konzepten notwendig, die in diesem Kapitel behandelt werden. Wir werden uns Container-Laufzeiten, Container-Images und Repositories sowie Netzwerke und Speicherlösungen für Container genauer ansehen.

2.1 Container-Laufzeiten

Container-Laufzeiten sind der Kern jeder Container-Infrastruktur. Sie sind für das Erstellen, Starten, Stoppen und Verwalten von Containern verantwortlich. Die bekannteste und am weitesten verbreitete Laufzeit ist Docker, aber es gibt auch Alternativen wie **containerd** und **rkt**. Im Folgenden betrachten wir die wichtigsten Laufzeiten und ihre Unterschiede.

2.1.1 Docker

Docker ist die mit Abstand am häufigsten verwendete Container-Laufzeit und hat die Containerisierung seit 2013 stark geprägt. Docker kombiniert eine Laufzeitumgebung mit einem umfangreichen Set an Tools, die das Erstellen und Verwalten von Containern erheblich vereinfachen. Docker bietet unter anderem eine leicht bedienbare CLI, um Container zu erstellen und zu verwalten, sowie eine API, die in Automatisierungsprozesse integriert werden kann.

Zu den wichtigsten Funktionen von Docker zählen:

- **Image-Verwaltung**: Docker kann Images erstellen, speichern, und von Repositories wie Docker Hub abrufen.
- **Netzwerk- und Volumenverwaltung**: Docker ermöglicht die einfache Konfiguration von Netzwerken und die Integration von Speicherlösungen.
- **Container Isolation**: Docker nutzt Linux-Technologien wie Namespaces und cgroups, um Container voneinander zu isolieren.

Docker war zwar das erste populäre Werkzeug für die Verwaltung von Containern, ist aber mittlerweile nicht mehr die einzige verfügbare Lösung.

2.1.2 containerd

containerd ist eine Container-Laufzeit, die ursprünglich aus Docker heraus entwickelt wurde. Sie konzentriert sich auf die Kernfunktionen des Container-Lebenszyklus-Managements, wie das Starten, Stoppen und Speichern von Containern. Da containerd leichter ist als Docker und weniger zusätzliche Features enthält, wird es häufig in Kubernetes-Umgebungen verwendet, wo eine minimalistische, stabile Laufzeit bevorzugt wird.

Wichtige Eigenschaften von containerd:

- **Integration mit Kubernetes**: containerd ist direkt in Kubernetes integriert und wird als Standard-Container-Laufzeit in vielen Kubernetes-Distributionen verwendet.
- **Fokussiert auf die Kernfunktionen**: containerd beschränkt sich auf den Kern des Container-Managements, ohne zusätzlichen Overhead.

2.1.3 rkt

rkt (ausgesprochen „Rocket") war eine Alternative zu Docker, die ursprünglich von CoreOS entwickelt wurde. Im Gegensatz zu Docker setzte rkt auf eine dezentrale Architektur und bot mehr Flexibilität bei der Auswahl von Sicherheitsmodellen und Isolationsmechanismen. Rkt wurde speziell für Sicherheits- und Produktionsumgebungen entwickelt. Allerdings hat sich rkt nicht in der Breite durchgesetzt und wurde 2019 offiziell eingestellt.

2.2 Container-Images und Repositories

Container-Images sind das Herzstück jedes Containers. Sie enthalten die Anwendung sowie alle erforderlichen Abhängigkeiten, Bibliotheken und Konfigurationsdateien. Ein Container-Image ist eine unveränderliche Datei, die als Vorlage für das Erstellen von Containern verwendet wird. In diesem Abschnitt beschäftigen wir uns mit der Struktur von Container-Images und den Repositories, in denen diese gespeichert werden.

2.2.1 Aufbau eines Container-Images

Ein Container-Image besteht aus einer Reihe von Schichten, die jeweils aus den Änderungen resultieren, die während der Erstellung des Images vorgenommen wurden. Diese Schichten basieren auf dem **Union File System** (UFS), das es ermöglicht, jede Schicht separat zu speichern und wiederzuverwenden. Wenn ein Image erstellt wird, wird jede neue Aktion (z.B. das Hinzufügen einer Datei oder die Installation einer Bibliothek) als neue Schicht hinzugefügt.

Container-Images haben folgende wichtige Eigenschaften:

- **Leichtgewichtige Schichten**: Schichten können wiederverwendet werden, was die Speicherplatzanforderungen reduziert. Wenn mehrere Container auf einem Host dieselbe Schicht verwenden, wird sie nur einmal gespeichert.
- **Unveränderlich**: Nach dem Erstellen eines Images ist es unveränderlich. Änderungen an einem Container führen zu neuen Schichten, aber das ursprüngliche Image bleibt unverändert.

2.2.2 Erstellung eines Container-Images

Container-Images werden häufig mit einem **Dockerfile** erstellt. Ein Dockerfile ist eine einfache textbasierte Datei, die Anweisungen enthält, wie das Container-Image aufgebaut werden soll. Ein Beispiel für ein einfaches Dockerfile könnte folgendermaßen aussehen:

```
FROM ubuntu:20.04
RUN apt-get update && apt-get install -y nginx
COPY ./index.html /var/www/html/index.html
CMD ["nginx", "-g", "daemon off;"]
```

Dieses Dockerfile erstellt ein Container-Image basierend auf Ubuntu 20.04, installiert Nginx und kopiert eine HTML-Datei in den Webserver-Verzeichnisbaum.

2.2.3 Repositories: Docker Hub und Alternativen

Sobald ein Container-Image erstellt ist, wird es in einem **Repository** gespeichert. Repositories sind zentrale Speicherorte, aus denen Container-Images heruntergeladen und auf verschiedenen Maschinen ausgeführt werden können. Der bekannteste Anbieter von Container-Repositories ist **Docker Hub**.

- **Docker Hub**: Docker Hub ist das größte öffentliche Repository für Container-Images. Es enthält sowohl offizielle Images, die von Softwareherstellern wie Ubuntu, Node.js und Redis gepflegt werden, als auch benutzerdefinierte Images, die von der Community bereitgestellt werden.
- **Quay**: Eine alternative Registry ist **Quay.io**, die von Red Hat betrieben wird. Quay bietet ähnliche Funktionen wie Docker Hub, legt aber besonderen Wert auf Sicherheitsfeatures wie Image-Scanning und die Verwaltung von Zugriffsrechten.
- **Private Repositories**: Unternehmen können auch eigene private Container-Registries betreiben, um Images sicher und isoliert zu verwalten. Beliebte Lösungen hierfür sind **Harbor** und **Artifactory**.

2.3 Container-Netzwerke

Container-Netzwerke spielen eine entscheidende Rolle, wenn mehrere Container zusammenarbeiten müssen, um eine Anwendung zu betreiben. Docker und andere Container-Laufzeiten bieten eine Vielzahl von Netzwerkmodellen, die unterschiedliche Anforderungen abdecken. Im Folgenden werden die wichtigsten Netzwerktypen für Container-Umgebungen vorgestellt.

2.3.1 Bridge-Netzwerk

Das **Bridge-Netzwerk** ist der Standard-Netzwerkmodus von Docker. Wenn ein Container gestartet wird, wird er automatisch mit einem Bridge-Netzwerk verbunden, das es den Containern auf demselben Host ermöglicht, miteinander zu kommunizieren. Jeder Container erhält eine eigene IP-Adresse im Netzwerk, und Docker kümmert sich um das Routing des Datenverkehrs zwischen den Containern.

2.3.2 Host-Netzwerk

Im **Host-Netzwerk** teilt der Container das Netzwerk des Hosts. Das bedeutet, dass der Container dieselbe IP-Adresse wie der Host verwendet und auf alle Ports und Netzwerkschnittstellen des Hosts zugreifen kann. Dieses Modell wird häufig verwendet, wenn Container sehr eng mit dem Host-System integriert sein müssen, da es weniger Netzwerk-Overhead erzeugt.

2.3.3 Overlay-Netzwerk

Das **Overlay-Netzwerk** wird verwendet, um Container über mehrere Hosts hinweg zu verbinden. Dies ist insbesondere in verteilten Umgebungen wie Docker Swarm oder Kubernetes wichtig, wo Container auf verschiedenen Maschinen laufen, aber trotzdem so kommunizieren müssen, als ob sie sich im selben Netzwerk befinden. Overlay-Netzwerke nutzen in der Regel VXLAN, um ein virtuelles Netzwerk über das physische Netzwerk zu legen.

2.4 Container-Speicher

Container sind von Natur aus zustandslos. Das bedeutet, dass alle Daten, die innerhalb eines Containers gespeichert werden, verloren gehen, sobald der Container gestoppt oder gelöscht wird. Um Daten dauerhaft zu speichern, müssen Container mit externen Speicherlösungen verbunden werden. Docker und Kubernetes bieten verschiedene Optionen, um persistenten Speicher für Container bereitzustellen.

2.4.1 Docker Volumes

Docker Volumes sind der bevorzugte Mechanismus zur Bereitstellung von persistentem Speicher für Docker-Container. Volumes sind unabhängig vom Lebenszyklus des Containers und können für den Austausch von Daten zwischen Containern oder zur Speicherung von Daten über Neustarts hinweg verwendet werden.

Vorteile von Volumes:

- Sie werden außerhalb des Containers auf dem Host-Dateisystem gespeichert und sind daher unabhängig vom Container-Lebenszyklus.
- Volumes können zwischen mehreren Containern gemeinsam genutzt werden.
- Docker-Volumes können mit externen Speicherlösungen wie NFS oder Cloud-Speicher verbunden werden.

2.4.2 Bind Mounts

Ein **Bind Mount** ist eine direkte Verbindung zwischen einem Verzeichnis auf dem Host und einem Verzeichnis im Container. Dies ist nützlich, wenn Daten zwischen dem Host und dem Container geteilt werden müssen. Allerdings sind Bind Mounts weniger flexibel als Docker Volumes, da sie direkt mit dem Host-Dateisystem verknüpft sind.

2.5 Zusammenfassung

Das Container-Ökosystem besteht aus einer Vielzahl von Werkzeugen und Konzepten, die das Erstellen, Verwalten und Betreiben von Containern ermöglichen. Container-Laufzeiten wie Docker und containerd, Netzwerklösungen, Repositories und Speichermechanismen spielen eine entscheidende Rolle in der Containerisierung und erlauben es, Container effizient und sicher in Produktionsumgebungen einzusetzen.

Im nächsten Kapitel werden wir uns intensiv mit Docker als der führenden Plattform für Container-Management auseinandersetzen und die Funktionsweise sowie Best Practices für den Einsatz von Docker in verschiedenen Szenarien untersuchen.

Kapitel 3: Einführung in Docker

Nachdem wir im letzten Kapitel das Ökosystem der Container-Technologien kennengelernt haben, wollen wir uns nun intensiv mit Docker beschäftigen. Docker ist die populärste Plattform für Container-Management und hat die Art und Weise, wie Software entwickelt, bereitgestellt und betrieben wird, revolutioniert. In diesem Kapitel lernen wir, wie Docker funktioniert, wie Container-Images erstellt und verwaltet werden und wie man Docker in verschiedenen Szenarien effektiv einsetzen kann.

3.1 Architektur von Docker

Um Docker effektiv nutzen zu können, ist es wichtig, die grundlegenden Architekturkomponenten zu verstehen. Docker besteht aus mehreren Bausteinen, die zusammen eine umfassende Container-Management-Plattform bilden. Diese Komponenten sind:

3.1.1 Docker Daemon (Dockerd)

Der Docker-Daemon, oft auch als „**dockerd**" bezeichnet, ist das Herzstück von Docker. Er läuft im Hintergrund auf dem Host und ist für das Verwalten von Container-Objekten, Netzwerken, Speicher und Images verantwortlich. Der Docker-Daemon verarbeitet API-Anfragen von der Docker-CLI oder anderen Tools und steuert die Lebenszyklen der Container.

Zu den wichtigsten Aufgaben des Docker-Daemons gehören:

- Erstellen, Starten und Stoppen von Containern.
- Verwaltung von Docker-Images und Repositories.
- Verwaltung von Netzwerken und Speicher für Container.
- Schnittstelle zu Container-Laufzeiten wie **containerd**.

3.1.2 Docker CLI

Die **Docker Command Line Interface (CLI)** ist das primäre Werkzeug, mit dem Benutzer mit Docker interagieren. Sie stellt Befehle bereit, um Container zu erstellen, zu starten, zu stoppen und zu verwalten. Die CLI sendet Anfragen an den Docker-Daemon, der die entsprechenden Operationen durchführt.

Beispielsweise kann ein einfacher Befehl wie docker run verwendet werden, um einen Container basierend auf einem bestimmten Image zu starten:

```
docker run -d -p 80:80 nginx
```

Dieser Befehl startet einen Container im Hintergrund (-d) und mappt den Port 80 des Hosts auf den Port 80 des Nginx-Containers (-p 80:80).

3.1.3 Docker Images

Docker-Images sind schreibgeschützte Vorlagen, die alle Abhängigkeiten und Konfigurationsdaten enthalten, um einen Container auszuführen. Ein Image besteht aus mehreren Schichten, die auf dem **Union File System (UFS)** basieren. Diese Schichten können wiederverwendet und kombiniert werden, was den Speicherbedarf reduziert und die Effizienz steigert.

Ein wichtiges Konzept in der Arbeit mit Docker-Images ist die **Layered Architecture**. Jede Schicht repräsentiert eine Änderung oder eine Datei, die im Container erstellt wurde. Wenn ein Container aus einem Image gestartet wird, wird eine zusätzliche, schreibbare Schicht oben auf das Image gesetzt, um Änderungen während der Laufzeit zu ermöglichen.

3.1.4 Docker Registries

Docker-Registries, wie **Docker Hub**, sind zentrale Orte, an denen Docker-Images gespeichert und verwaltet werden. Sie ermöglichen es, Images einfach abzurufen, zu teilen und zu veröffentlichen. Docker bietet mit Docker Hub die größte öffentliche Registry, in der Benutzer Millionen von Images finden und verwenden können. Darüber hinaus können Unternehmen eigene, private Registries betreiben, um sensible Images intern zu speichern.

Docker CLI-Befehle wie `docker pull` und `docker push` ermöglichen es, Images aus Registries zu laden oder in diese hochzuladen.

3.2 Installation von Docker

Docker kann auf einer Vielzahl von Betriebssystemen installiert werden, darunter Linux, macOS und Windows. Die Installation unterscheidet sich je nach Plattform, aber Docker bietet gut dokumentierte Installationsmethoden für alle gängigen Umgebungen. Hier werden wir die Installation unter Linux als Beispiel erläutern.

3.2.1 Installation unter Linux

Die Installation von Docker unter Linux, beispielsweise auf Ubuntu, erfolgt über die Paketverwaltung. Ein typischer Installationsprozess sieht wie folgt aus:

1. Aktualisieren der Paketliste und Installation von Abhängigkeiten:

```
sudo apt-get update
sudo apt-get install apt-transport-https
ca-certificates curl software-properties-common
```

2. Hinzufügen des Docker GPG-Schlüssels und des offiziellen Docker-Repositories:

```
curl -fsSL https://download.docker.com/linux/ubuntu/gpg
| sudo apt-key add -
sudo add-apt-repository "deb [arch=amd64]
https://download.docker.com/linux/ubuntu
$(lsb_release -cs) stable"
```

3. Installation von Docker:

```
sudo apt-get update
sudo apt-get install docker-ce
```

4. Überprüfen der Docker-Installation:

```
sudo docker --version
```

3.2.2 Installation unter Windows und macOS

Für Windows und macOS bietet Docker eine Anwendung namens **Docker Desktop** an, die eine vollständige Docker-Umgebung in einer benutzerfreundlichen Oberfläche bereitstellt. Docker Desktop umfasst sowohl die Docker-CLI als auch den Docker-Daemon und integriert sich nahtlos in die Betriebssysteme.

Die Installation erfolgt durch den Download des Installers von der offiziellen Docker-Website und das Ausführen des Installationsprogramms.

3.3 Arbeiten mit Docker-Containern

Nachdem Docker installiert ist, können wir beginnen, Container zu erstellen und zu verwalten. In diesem Abschnitt sehen wir uns die grundlegenden Befehle an, um Container zu starten, zu überwachen und zu stoppen.

3.3.1 Erstellen und Starten von Containern

Der Befehl `docker run` ist der am häufigsten verwendete Befehl in Docker und dient dazu, einen neuen Container basierend auf einem bestimmten Image zu starten.

Ein einfaches Beispiel für das Starten eines Nginx-Webservers ist:

```
docker run -d -p 8080:80 nginx
```

Dieser Befehl startet den Nginx-Container im Hintergrund (-d) und mappt den Port 80 des Containers auf den Port 8080 des Hosts (-p 8080:80).

Weitere Optionen, die beim Starten eines Containers verwendet werden können:

- --name: Ein benutzerdefinierter Name für den Container.
- -v: Mounten eines Volumes für persistenten Speicher.
- -e: Setzen von Umgebungsvariablen.

3.3.2 Container überwachen und verwalten

Um laufende Container zu überwachen, bietet Docker mehrere nützliche Befehle:

- docker ps: Listet alle laufenden Container auf.
- docker logs <container_name>: Zeigt die Log-Ausgaben eines Containers an.
- docker stats: Zeigt die Ressourcen-Nutzung (CPU, RAM, Netzwerk) laufender Container an.

Falls ein Container nicht mehr benötigt wird, kann er mit docker stop <container_name> gestoppt und mit docker rm <container_name> gelöscht werden.

3.3.3 Container-Netzwerke verwalten

Docker unterstützt verschiedene Netzwerkmodi, wie wir im vorherigen Kapitel gelernt haben. Container können in benutzerdefinierten Netzwerken ausgeführt werden, um eine spezifische Kommunikationsstruktur zu ermöglichen.

Beispiel für das Erstellen eines benutzerdefinierten Netzwerks und Starten von zwei Containern darin:

```
docker network create my_network
docker run -d --name web --network my_network nginx
docker run -d --name db --network my_network mysql
```

Beide Container befinden sich im selben Netzwerk und können sich gegenseitig mit ihren Containernamen ansprechen, z.B. web und db.

3.4 Docker Volumes und persistenter Speicher

Wie bereits erwähnt, sind Container von Natur aus zustandslos. Um Daten dauerhaft zu speichern, müssen wir Volumes oder Bind Mounts verwenden.

3.4.1 Docker Volumes

Volumes sind die bevorzugte Methode für das Verwalten von persistentem Speicher in Docker. Sie können mit dem Befehl docker volume create erstellt und in einem Container gemountet werden.

Beispiel:

```
docker volume create my_volume
docker run -d -v my_volume:/var/lib/mysql mysql
```

In diesem Fall wird das Verzeichnis /var/lib/mysql im Container auf das Volume my_volume gemountet. Daten, die in diesem Verzeichnis gespeichert werden, bleiben auch nach dem Löschen des Containers erhalten.

3.4.2 Bind Mounts

Eine weitere Möglichkeit, Speicher bereitzustellen, sind **Bind Mounts**, die ein Verzeichnis des Hosts direkt in den Container mounten. Dies ist nützlich, wenn der Container auf Daten des Hosts zugreifen muss.

Beispiel:

```
docker run -d -v /path/on/host:/path/in/container nginx
```

3.5 Best Practices für Docker

Beim Einsatz von Docker gibt es einige bewährte Vorgehensweisen, die beachtet werden sollten, um die Leistung und Sicherheit zu optimieren:

3.5.1 Optimierung von Dockerfiles

Dockerfiles sollten möglichst effizient geschrieben werden, um die Größe der erstellten Images zu minimieren. Dies beinhaltet:

- **Schichten minimieren**: Verwenden Sie möglichst wenige Schichten im Dockerfile.
- **Caching nutzen**: Nutzen Sie Docker-Cache, indem Sie Befehle in logischer Reihenfolge anordnen (zuerst die Installation von Abhängigkeiten, dann das Kopieren von Anwendungsdateien).

3.5.2 Sicherheitsaspekte

Docker bietet viele Mechanismen zur Verbesserung der Sicherheit von Containern. Zu den wichtigsten Best Practices gehören:

- Verwenden Sie **nicht-root Benutzer** innerhalb von Containern.
- Setzen Sie **Ressourcenlimits** (CPU, RAM) für Container.
- Verwenden Sie **signierte Images** aus vertrauenswürdigen Quellen.

3.6 Zusammenfassung

In diesem Kapitel haben wir eine umfassende Einführung in Docker erhalten. Wir haben die Architektur von Docker verstanden, die Installation auf verschiedenen Plattformen durchlaufen und die grundlegenden Befehle zum Verwalten von Containern kennengelernt. Darüber hinaus haben wir uns mit den Themen Netzwerke, Speicher und Best Practices beschäftigt. Docker ist ein mächtiges Werkzeug, das Entwicklern und Systemadministratoren gleichermaßen hilft, Anwendungen schnell und effizient zu entwickeln, bereitzustellen und zu betreiben.

Im nächsten Kapitel werden wir uns auf Kubernetes konzentrieren und untersuchen, wie es zur Verwaltung von Containern in großem Maßstab eingesetzt werden kann.

Kapitel 4: Einführung in Kubernetes

Nachdem wir im letzten Kapitel einen tiefen Einblick in Docker und die Grundlagen der Containerisierung erhalten haben, werden wir uns nun mit Kubernetes befassen. Kubernetes, oft als „K8s" abgekürzt, ist die führende Open-Source-Plattform für die Orchestrierung von Containern und ermöglicht es, containerisierte Anwendungen in großem Maßstab zu verwalten, bereitzustellen und zu betreiben. In diesem Kapitel werden wir die Architektur von Kubernetes, die grundlegenden Konzepte und Best Practices zur Nutzung der Plattform besprechen.

4.1 Was ist Kubernetes?

Kubernetes ist eine von Google entwickelte Plattform, die jetzt von der **Cloud Native Computing Foundation (CNCF)** gepflegt wird. Ursprünglich wurde es als interne Lösung zur Verwaltung der riesigen Container-Infrastruktur von Google entwickelt, heute ist es das Standardwerkzeug für die Verwaltung und Orchestrierung von Containern in Cloud- und On-Premises-Umgebungen.

Die Hauptfunktionen von Kubernetes sind:

- **Automatisierte Bereitstellung und Skalierung** von containerisierten Anwendungen.
- **Selbstheilung** von Anwendungen, indem Container automatisch neu gestartet oder verschoben werden, wenn sie fehlschlagen.
- **Lastverteilung** und effiziente Verwaltung von Ressourcen.

4.2 Architektur von Kubernetes

Die Kubernetes-Architektur besteht aus einer Reihe von Komponenten, die zusammenarbeiten, um die Container-Orchestrierung zu ermöglichen. Im Wesentlichen lässt sich Kubernetes in zwei Ebenen unterteilen: die **Control Plane** und die **Worker Nodes**.

4.2.1 Control Plane

Die **Control Plane** (Steuerungsebene) ist für das zentrale Management und die Koordination des Kubernetes-Clusters verantwortlich. Sie besteht aus mehreren kritischen Komponenten:

- **API-Server**: Der API-Server ist das Herzstück von Kubernetes und die einzige Komponente, mit der Benutzer, Tools und andere Komponenten interagieren. Alle

Änderungen an der Konfiguration des Clusters oder Anwendungsbereitstellungen erfolgen über den API-Server.

- **etcd**: **etcd** ist die zentrale, verteilte Schlüssel-Wert-Datenbank, in der der gesamte Status des Clusters gespeichert wird. Dies umfasst Informationen über Nodes, Pods, Konfigurationsdaten und mehr. etcd ist äußerst skalierbar und sorgt für Datenkonsistenz in verteilten Umgebungen.
- **Controller Manager**: Der Controller Manager überwacht den Zustand des Clusters und sorgt dafür, dass die gewünschte Anzahl von Pods, Nodes und anderen Ressourcen aktiv ist. Sollte eine Abweichung vom gewünschten Zustand festgestellt werden, greift der Controller Manager ein, um den gewünschten Zustand wiederherzustellen.
- **Scheduler**: Der Scheduler ist für die Platzierung neuer Pods auf den verfügbaren Worker Nodes verantwortlich. Er berücksichtigt dabei Ressourcenanforderungen und -beschränkungen, um eine optimale Lastverteilung zu gewährleisten.

4.2.2 Worker Nodes

Die **Worker Nodes** führen die eigentlichen Container-Anwendungen aus. Jeder Worker Node enthält zwei zentrale Komponenten:

- **Kubelet**: Das **Kubelet** ist der Agent, der auf jedem Node ausgeführt wird und für die Kommunikation mit der Control Plane verantwortlich ist. Es sorgt dafür, dass die Container auf dem Node entsprechend den Anweisungen der Control Plane ausgeführt werden.
- **Container Runtime**: Die **Container Runtime** ist die Software, die für das Ausführen der Container zuständig ist. Dies kann Docker, containerd oder eine andere unterstützte Laufzeit sein.

- **Kube-Proxy**: Der **Kube-Proxy** ist eine Netzwerkkomponente, die den Datenverkehr zwischen den verschiedenen Pods im Cluster und den externen Clients verwaltet. Er leitet den Datenverkehr an die richtigen Pods weiter und stellt sicher, dass die Netzwerkkommunikation korrekt funktioniert.

4.3 Kubernetes-Grundkonzepte

Kubernetes bietet eine Reihe von Schlüsselkonzepten, die das Management und die Orchestrierung von Containern vereinfachen. Diese Konzepte bilden die Grundlage für das Arbeiten mit Kubernetes.

4.3.1 Pods

Pods sind die kleinste und einfachste Kubernetes-Objekteinheit. Ein Pod repräsentiert eine Gruppe von einem oder mehreren Containern, die gemeinsam ausgeführt werden und sich Netzwerk- und Speicherressourcen teilen. In der Regel läuft ein Pod auf einem einzelnen Worker Node. Container in einem Pod teilen dieselbe IP-Adresse und können problemlos miteinander kommunizieren.

4.3.2 Services

Ein **Service** ist eine Abstraktion, die es ermöglicht, Pods dauerhaft unter einer festen IP-Adresse und einem DNS-Namen zu erreichen, unabhängig davon, auf welchem Node sie ausgeführt werden. Da Pods flüchtig sind und auf verschiedenen Nodes gestartet und gestoppt werden können, bietet der Service eine stabile Schnittstelle für die Kommunikation mit den Pods.

Ein Beispiel für einen Kubernetes Service könnte wie folgt aussehen:

```
apiVersion: v1
kind: Service
metadata:
  name: my-service
spec:
  selector:
    app: MyApp
  ports:
    - protocol: TCP
      port: 80
      targetPort: 8080
```

Dieser Service leitet den eingehenden Datenverkehr auf Port 80 an Pods weiter, die auf Port 8080 lauschen und mit dem Label „app: MyApp" gekennzeichnet sind.

4.3.3 Deployments

Ein **Deployment** ist eine Ressource in Kubernetes, die eine deklarative Beschreibung der gewünschten Zustände von Pods und Replikationen enthält. Mit einem Deployment können Sie die Anzahl der Instanzen (Replikas) eines Pods verwalten, Updates für Anwendungen bereitstellen und Rollbacks zu vorherigen Versionen durchführen.

Beispiel für ein Deployment:

```
apiVersion: apps/v1
kind: Deployment
metadata:
  name: nginx-deployment
spec:
  replicas: 3
  selector:
    matchLabels:
      app: nginx
```

```
template:
  metadata:
  labels:
  app: nginx
  spec:
  containers:
  - name: nginx
  image: nginx:1.14.2
  ports:
  - containerPort: 80
```

In diesem Fall definiert das Deployment, dass immer drei Replikas des Nginx-Pods aktiv sein sollen.

4.3.4 Namespaces

Namespaces in Kubernetes bieten eine Möglichkeit, Ressourcen innerhalb eines Clusters logisch zu isolieren. Sie können verwendet werden, um Umgebungen (wie Entwicklung, Test und Produktion) zu trennen oder um verschiedene Teams zu unterstützen, die gemeinsam denselben Cluster nutzen.

Jeder Namespace hat seinen eigenen Bereich für Pods, Services und andere Ressourcen, sodass Namenskonflikte vermieden werden. Zum Beispiel kann sowohl im „dev"-Namespace als auch im „prod"-Namespace ein Service mit dem Namen „my-service" existieren, ohne sich gegenseitig zu beeinflussen.

4.3.5 ConfigMaps und Secrets

Kubernetes bietet Mechanismen zur Verwaltung von Konfigurationen und sensiblen Daten für Anwendungen, die in Containern ausgeführt werden.

- ConfigMaps: ConfigMaps dienen der Verwaltung von nicht-sensiblen Konfigurationsdaten, die in Textform vorliegen, wie Umgebungsvariablen oder Konfigurationsdateien. Ein ConfigMap kann beispielsweise verwendet werden, um eine Datenbankverbindungskonfiguration an eine Anwendung zu übergeben.

- Secrets: Secrets dienen der Speicherung und Verwaltung sensibler Informationen, wie Passwörtern, Tokens und SSH-Schlüsseln. Sie sind verschlüsselt und sicherer als das direkte Speichern sensibler Informationen in einer ConfigMap.

4.4 Kubernetes Installation

Die Installation von Kubernetes hängt stark von der Umgebung ab, in der es betrieben wird. Es gibt mehrere Möglichkeiten, Kubernetes lokal oder in der Cloud zu installieren. Hier sind einige der gängigsten Methoden.

4.4.1 Minikube

Minikube ist ein beliebtes Werkzeug, um Kubernetes lokal auf einem einzelnen Node zu testen. Es eignet sich hervorragend für Lernzwecke und das Entwickeln von Anwendungen, die später in größere Cluster migriert werden können.

Minikube kann auf Linux, macOS und Windows installiert werden. Die Installation unter Linux erfolgt beispielsweise so:

```
curl -Lo minikube
https://storage.googleapis.com/minikube/releases/latest
/minikube-linux-amd64
chmod +x minikube
sudo mv minikube /usr/local/bin/
minikube start
```

Nach der Installation können Sie über die Kubernetes-CLI (kubectl) auf den lokalen Cluster zugreifen.

4.4.2 Kubernetes in der Cloud

Viele Cloud-Anbieter bieten verwaltete Kubernetes-Dienste an, darunter:

- **Google Kubernetes Engine (GKE)** auf Google Cloud.
- **Amazon Elastic Kubernetes Service (EKS)** auf AWS.
- **Azure Kubernetes Service (AKS)** auf Microsoft Azure.

Diese Dienste bieten eine einfache Möglichkeit, produktionsreife Kubernetes-Cluster zu erstellen und zu verwalten, ohne dass die zugrunde liegende Infrastruktur manuell verwaltet werden muss.

4.5 Best Practices in Kubernetes

Um Kubernetes effektiv und sicher zu nutzen, gibt es einige Best Practices, die beachtet werden sollten.

4.5.1 Ressourcenlimits setzen

Es ist wichtig, für jeden Pod Ressourcenlimits (CPU und RAM) festzulegen, um sicherzustellen, dass Container nicht mehr

Ressourcen verbrauchen, als ihnen zustehen. Dies verhindert, dass einzelne Pods zu viele Clusterressourcen beanspruchen und andere Anwendungen beeinträchtigen.

Beispiel für das Festlegen von Ressourcenlimits:

```
resources:
  limits:
      memory: "128Mi"
      cpu: "500m"
```

4.5.2 Auto-Scaling nutzen

Kubernetes bietet Mechanismen für das automatische Skalieren von Pods und Nodes, um den Ressourcenbedarf dynamisch an die aktuelle Last anzupassen. Der **Horizontal Pod Autoscaler (HPA)** ermöglicht es, die Anzahl der Pods basierend auf Metriken wie CPU-Auslastung automatisch zu erhöhen oder zu verringern.

4.5.3 Logging und Monitoring implementieren

Überwachungs- und Protokollierungssysteme wie **Prometheus** und **Grafana** sollten implementiert werden, um den Zustand des Clusters und der Anwendungen zu überwachen. Diese Tools helfen, Engpässe frühzeitig zu erkennen und Probleme zu beheben, bevor sie zu Ausfällen führen.

4.6 Zusammenfassung

In diesem Kapitel haben wir die Grundlagen von Kubernetes und seine Architektur erläutert. Wir haben uns mit den Schlüsselkonzepten wie Pods, Services und Deployments vertraut gemacht und verstanden, wie Kubernetes Anwendungen in großem Maßstab verwalten kann. Zudem haben wir die Installation von

Kubernetes in verschiedenen Umgebungen durchlaufen und Best Practices für den produktiven Einsatz besprochen.

Im nächsten Kapitel werden wir tiefer in die Orchestrierung und Verwaltung von Containern mit Kubernetes eintauchen und fortgeschrittene Funktionen wie Ingress, StatefulSets und Helm erkunden.

Kapitel 5: Fortgeschrittene Kubernetes-Konzepte und -Funktionen

Nachdem wir uns im letzten Kapitel mit den Grundlagen von Kubernetes befasst haben, wollen wir nun tiefer in die fortgeschrittenen Funktionen und Konzepte eintauchen, die Kubernetes zu einer so mächtigen und flexiblen Plattform machen. In diesem Kapitel werden wir fortgeschrittene Orchestrierungstools, den Umgang mit Stateful Workloads, die Netzwerkverwaltung und Best Practices für Sicherheit und Verwaltung in Kubernetes beleuchten.

5.1 Orchestrierung und Verwaltung von Containern

Die Fähigkeit von Kubernetes, containerisierte Anwendungen in großem Maßstab zu orchestrieren und zu verwalten, ist eine der wichtigsten Funktionen der Plattform. Dies geschieht durch eine Reihe von fortgeschrittenen Ressourcen und Tools.

5.1.1 DaemonSets

DaemonSets stellen sicher, dass eine bestimmte Pod-Instanz auf jedem Node des Clusters ausgeführt wird. Dies ist besonders nützlich für Infrastrukturaufgaben wie die Protokollierung, Überwachung und Verwaltung von Nodes.

Beispiel für ein DaemonSet:

```
apiVersion: apps/v1
kind: DaemonSet
metadata:
  name: monitoring-daemon
spec:
  selector:
    matchLabels:
      name: monitoring
  template:
    metadata:
    labels:
      name: monitoring
    spec:
    containers:
    - name: monitoring-agent
      image: monitoring-agent:latest
```

Hier sorgt das DaemonSet dafür, dass der `monitoring-agent` auf jedem Node im Cluster ausgeführt wird.

5.1.2 Jobs und CronJobs

Jobs und **CronJobs** in Kubernetes werden verwendet, um einmalige oder wiederkehrende Aufgaben zu verwalten. Ein Job stellt sicher, dass eine bestimmte Anzahl von Pod-Instanzen erfolgreich abgeschlossen wird, während ein CronJob es ermöglicht, Aufgaben zeitgesteuert zu wiederholen, ähnlich wie ein cron-Job auf Unix-Systemen.

Beispiel für einen einfachen Job:

```
apiVersion: batch/v1
kind: Job
metadata:
```

```
  name: example-job
spec:
  template:
    spec:
    containers:
    - name: example
    image: busybox
    command: ["echo", "Hello, Kubernetes!"]
    restartPolicy: OnFailure
```

CronJobs erweitern diesen Ansatz, indem sie zeitgesteuerte Ausführungen von Jobs ermöglichen

```
apiVersion: batch/v1
kind: CronJob
metadata:
  name: example-cronjob
spec:
  schedule: "*/5 * * * *"
  jobTemplate:
    spec:
    template:
    spec:
          containers:
          - name: cronjob
          image: busybox
          command: ["echo", "This runs every 5
minutes"]
          restartPolicy: OnFailure
```

5.2 StatefulSets und persistente Workloads

Kubernetes ist ursprünglich für zustandslose Anwendungen (stateless) ausgelegt, aber viele Anwendungen, wie Datenbanken und andere Dienste, benötigen eine persistentere Datenhaltung.

StatefulSets bieten eine Lösung für solche zustandsbehafteten Anwendungen.

5.2.1 StatefulSets

StatefulSets stellen sicher, dass Pods mit stabilen, persistenten Identitäten und Speicherressourcen gestartet werden. Sie sorgen dafür, dass die Pods in einer festen Reihenfolge erstellt und gelöscht werden, und jedem Pod wird eine eindeutige, unveränderliche Netzwerkidentität und ein persistent storage zugewiesen.

Beispiel für ein StatefulSet:

```
apiVersion: apps/v1
kind: StatefulSet
metadata:
  name: mysql
spec:
  serviceName: "mysql"
  replicas: 3
  selector:
    matchLabels:
    app: mysql
  template:
    metadata:
    labels:
    app: mysql
    spec:
    containers:
    - name: mysql
    image: mysql:5.7
    ports:
    - containerPort: 3306
    volumeMounts:
    - name: mysql-persistent-storage
```

```
                mountPath: /var/lib/mysql
    volumeClaimTemplates:
    - metadata:
        name: mysql-persistent-storage
        spec:
        accessModes: ["ReadWriteOnce"]
        resources:
        requests:
            storage: 1Gi
```

In diesem Beispiel wird ein MySQL-Datenbank-Cluster erstellt, in dem jeder Pod über seinen eigenen persistenten Speicher verfügt.

5.2.2 Persistente Volumes (PV) und Persistente Volume Claims (PVC)

Persistente Volumes (PV) und **Persistente Volume Claims (PVC)** ermöglichen die Speicherung von Daten über die Lebensdauer eines Pods hinaus. Ein PVC stellt einen Speicheranspruch dar, während ein PV das physische Speichermedium darstellt, das diese Anforderungen erfüllt.

Beispiel für ein Persistentes Volume und ein PVC:

```
apiVersion: v1
kind: PersistentVolume
metadata:
  name: pv-data
spec:
  capacity:
      storage: 1Gi
  accessModes:
      - ReadWriteOnce
  hostPath:
```

```
        path: "/mnt/data"
---
apiVersion: v1
kind: PersistentVolumeClaim
metadata:
  name: pvc-data
spec:
  accessModes:
    - ReadWriteOnce
  resources:
    requests:
      storage: 1Gi
```

Das PV definiert den Speicherort und die Kapazität, und der PVC stellt den Anspruch dar, der von einem Pod genutzt wird.

5.3 Kubernetes Networking

Die Netzwerkfähigkeit von Kubernetes ist eines der Schlüsselmerkmale, die die Kommunikation zwischen Pods, Nodes und externen Clients ermöglichen. Kubernetes stellt sicher, dass jeder Pod eine eigene IP-Adresse hat, und ermöglicht durch verschiedene Netzwerk-Ressourcen eine effiziente Kommunikation.

5.3.1 Ingress

Ein **Ingress**-Controller in Kubernetes ermöglicht das Routing von externem HTTP- und HTTPS-Traffic an Services innerhalb des Clusters. Es bietet eine Möglichkeit, den Datenverkehr auf der Anwendungsebene zu steuern, ohne auf Load-Balancer oder externe Proxies zurückzugreifen.

Beispiel für eine einfache Ingress-Konfiguration:

```
apiVersion: networking.k8s.io/v1
kind: Ingress
metadata:
  name: example-ingress
spec:
  rules:
  - host: example.com
    http:
    paths:
    - path: /
    pathType: Prefix
    backend:
        service:
        name: example-service
        port:
        number: 80
```

Dieser Ingress-Controller leitet Traffic, der auf „example.com"
ankommt, an den Service example-service weiter.

5.3.2 Network Policies

Network Policies ermöglichen es, den Netzwerkverkehr zwischen
Pods und anderen Netzwerkendpunkten zu steuern. Mit Network
Policies können Administratoren den ein- und ausgehenden Traffic
basierend auf Labels, Namespaces oder IP-Ranges einschränken.

Beispiel für eine Network Policy:

```
apiVersion: networking.k8s.io/v1
kind: NetworkPolicy
metadata:
  name: allow-nginx
spec:
  podSelector:
      matchLabels:
```

```
      app: nginx
policyTypes:
- Ingress
ingress:
- from:
   - podSelector:
   matchLabels:
        role: frontend
   ports:
   - protocol: TCP
   port: 80
```

In diesem Beispiel wird der eingehende Verkehr zu Pods, die das
Label `app: nginx` tragen, nur von Pods mit dem Label `role: frontend` erlaubt.

5.4 Helm: Kubernetes Paketmanager

Helm ist der inoffizielle Paketmanager für Kubernetes und
ermöglicht es, komplexe Kubernetes-Anwendungen mithilfe von
sogenannten „Charts" einfach zu verwalten. Ein Chart ist eine
Sammlung von YAML-Dateien, die eine Kubernetes-Anwendung
und ihre Abhängigkeiten definieren.

Mit Helm können Sie Anwendungen installieren, aktualisieren und
ihre Konfiguration auf einfache Weise anpassen. Ein Beispiel für die
Installation einer Anwendung mit Helm:

```
helm repo add bitnami
https://charts.bitnami.com/bitnami
helm install my-mysql bitnami/mysql
```

Dies installiert eine vorkonfigurierte MySQL-Datenbank aus dem Bitnami-Repository.

5.5 Best Practices für Kubernetes-Sicherheit

Die Sicherheit in Kubernetes ist entscheidend, da Anwendungen oft in geteilten Umgebungen ausgeführt werden. Hier sind einige Best Practices, um die Sicherheit Ihrer Kubernetes-Umgebung zu verbessern.

5.5.1 RBAC (Role-Based Access Control)

Mit **Role-Based Access Control (RBAC)** können Sie die Zugriffsrechte von Benutzern und Anwendungen in Kubernetes präzise steuern. RBAC ermöglicht es, Rollen zu definieren, die bestimmte Berechtigungen haben, und diese Rollen Benutzern oder Service Accounts zuzuweisen.

Beispiel für eine RBAC-Rolle und deren Bindung:

```
apiVersion: rbac.authorization.k8s.io/v1
kind: Role
metadata:
  namespace: default
  name: pod-reader
rules:
- apiGroups: [""]
  resources: ["pods"]
  verbs: ["get", "watch", "list"]
---
apiVersion: rbac.authorization.k8s.io/v1
kind: RoleBinding
metadata:
  name: read-pods
  namespace: default
subjects:
```

```
- kind: User
  name: jane
  apiGroup: rbac.authorization.k8s.io
roleRef:
  kind: Role
  name: pod-reader
  apiGroup: rbac.authorization.k8s.io
```

5.5.2 Isolierung durch Namespaces

Das Verwenden von Namespaces in Kubernetes hilft nicht nur bei der Organisation, sondern auch bei der Isolierung von Ressourcen. Unterschiedliche Teams oder Anwendungen können durch separate Namespaces voneinander getrennt werden, um sowohl Sicherheits- als auch Verwaltungsanforderungen zu erfüllen.

5.5.3 Pod Security Policies (PSPs)

Pod Security Policies erlauben es, Sicherheitsrichtlinien für Pods festzulegen. Sie definieren, welche Berechtigungen ein Pod haben darf, z. B. ob er Root-Rechte benötigt oder auf den Host zugreifen darf.

5.6 Zusammenfassung

In diesem Kapitel haben wir uns mit fortgeschrittenen Kubernetes-Konzepten und -Funktionen beschäftigt. Wir haben die Orchestrierung und Verwaltung komplexer Anwendungen mithilfe von DaemonSets, Jobs und StatefulSets untersucht, die Verwaltung von persistenten Workloads behandelt und Netzwerkressourcen wie Ingress und Network Policies kennengelernt. Zudem haben wir mit

Helm den Kubernetes-Paketmanager vorgestellt und Best Practices zur Sicherung von Kubernetes-Umgebungen beschrieben.

Im nächsten Kapitel werden wir uns mit dem Betrieb von Kubernetes in produktiven Umgebungen, einschließlich Überwachung, Logging und Skalierung, auseinandersetzen.

Kapitel 6: Kubernetes im Produktiveinsatz

Nachdem wir in den vorherigen Kapiteln die Grundlagen und fortgeschrittene Funktionen von Kubernetes behandelt haben, widmen wir uns nun dem Einsatz von Kubernetes in produktiven Umgebungen. Der Übergang von der Entwicklung in den Betrieb erfordert spezielle Überlegungen zu Monitoring, Logging, Skalierung und Sicherung. Dieses Kapitel wird sich mit den zentralen Aspekten des Betriebs von Kubernetes-Umgebungen beschäftigen und Ihnen helfen, Ihre Infrastruktur stabil, sicher und performant zu betreiben.

6.1 Überwachung und Logging in Kubernetes

Eine der wichtigsten Anforderungen an eine produktive Kubernetes-Umgebung ist das effiziente Überwachen und Protokollieren von Ereignissen. Nur so können Sie sicherstellen, dass Probleme frühzeitig erkannt und behoben werden.

6.1.1 Monitoring mit Prometheus und Grafana

Prometheus ist ein weitverbreitetes Open-Source-Tool, das speziell für die Überwachung von Cloud-nativen Anwendungen wie Kubernetes entwickelt wurde. Es sammelt Metriken von verschiedenen Kubernetes-Komponenten und speichert sie in einer zeitlichen Datenbank. **Grafana** dient als Visualisierungstool, das auf die von Prometheus gesammelten Daten zugreift und diese in übersichtlichen Dashboards darstellt.

- **Prometheus-Operator:** Dieser Operator erleichtert das Management von Prometheus-Installationen in Kubernetes-Clustern.
- **Exporters:** Für die Integration von externen Diensten, wie Datenbanken, gibt es sogenannte Exporter, die spezifische Metriken bereitstellen.

Beispiel für die Installation von Prometheus und Grafana über Helm:

```
helm repo add prometheus-community
https://prometheus-community.github.io/helm-charts
helm install prometheus
prometheus-community/kube-prometheus-stack
```

Sobald Prometheus und Grafana konfiguriert sind, können Metriken wie CPU-Auslastung, Speicherverbrauch und Netzwerkverkehr überwacht werden. Grafana-Dashboards bieten eine benutzerfreundliche Möglichkeit, diese Metriken zu visualisieren und Alarmierungen für kritische Zustände zu konfigurieren.

6.1.2 Logging mit Fluentd und Elasticsearch

In Kubernetes sind Logs die wichtigste Informationsquelle, um Einblick in den Zustand von Anwendungen und Infrastruktur zu erhalten. Die Kombination aus **Fluentd**, **Elasticsearch** und **Kibana** (oft als EFK-Stack bezeichnet) stellt eine bewährte Lösung dar, um Logs zu sammeln, zu speichern und zu analysieren.

- **Fluentd**: Dieses Tool sammelt Logs von den verschiedenen Kubernetes-Komponenten und leitet sie an Elasticsearch weiter.

- **Elasticsearch**: Speichert und indiziert die Logs, sodass sie effizient durchsucht werden können.
- **Kibana**: Bietet eine Benutzeroberfläche, um Logs zu durchsuchen und zu visualisieren.

Beispiel für die Installation des EFK-Stacks:

```
helm repo add elastic https://helm.elastic.co
helm install elasticsearch elastic/elasticsearch
helm install kibana elastic/kibana
```

6.2 Skalierung von Kubernetes

Eine der Kernfunktionen von Kubernetes ist die Fähigkeit zur dynamischen Skalierung, um die Ressourcen an die Lastanforderungen anzupassen. Im Produktivbetrieb ist dies ein essenzielles Feature, um eine optimale Ressourcennutzung und Kostenkontrolle zu gewährleisten.

6.2.1 Horizontal Pod Autoscaler (HPA)

Der **Horizontal Pod Autoscaler (HPA)** skaliert die Anzahl der Pods basierend auf Metriken wie CPU- oder Speicherauslastung. Der HPA kann so konfiguriert werden, dass er automatisch zusätzliche Pods startet, wenn die Last steigt, und sie wieder herunterfährt, wenn die Last sinkt.

Beispiel für eine HPA-Konfiguration:

```
apiVersion: autoscaling/v1
kind: HorizontalPodAutoscaler
metadata:
  name: nginx-hpa
spec:
  scaleTargetRef:
```

```
    apiVersion: apps/v1
    kind: Deployment
    name: nginx
minReplicas: 2
maxReplicas: 10
targetCPUUtilizationPercentage: 50
```

Hier wird die Anzahl der Pods für das `nginx`-Deployment automatisch zwischen 2 und 10 skaliert, basierend auf der CPU-Auslastung.

6.2.2 Cluster Autoscaler

Neben der Pod-Skalierung bietet Kubernetes auch den **Cluster Autoscaler**, der die Anzahl der Nodes im Cluster automatisch anpasst. Wenn die vorhandenen Nodes ausgelastet sind und neue Pods keinen Platz finden, fügt der Cluster Autoscaler weitere Nodes hinzu. Umgekehrt entfernt er Nodes, wenn diese nicht mehr benötigt werden.

Beispiel für die Installation des Cluster Autoscalers auf einem Cluster in der Google Cloud:

```
gcloud container clusters update CLUSTER_NAME
--enable-autoscaling \
    --min-nodes 1 --max-nodes 5 --zone ZONE
```

6.3 Backup und Disaster Recovery

Im Produktiveinsatz muss immer ein Plan für **Backup** und **Disaster Recovery** vorhanden sein. Kubernetes bietet in Kombination mit externen Tools robuste Möglichkeiten, um den Zustand des Clusters und der Anwendungen zu sichern.

6.3.1 Backup von Daten und Zuständen

Für den produktiven Einsatz von Kubernetes ist es entscheidend, regelmäßig Backups zu erstellen – sowohl von persistierenden Daten als auch von den Konfigurationen im Cluster.

- **Velero**: Ein populäres Tool für Backups in Kubernetes-Umgebungen. Es sichert sowohl Persistente Volumes als auch Kubernetes-Objekte wie Deployments, Services und ConfigMaps.

Beispiel für die Installation von Velero:

```
velero install --provider aws --bucket my-bucket
--secret-file ./credentials-velero
```

Velero ermöglicht nicht nur die Erstellung von Backups, sondern auch die Wiederherstellung von Anwendungen und deren Daten im Falle eines Ausfalls.

6.3.2 Disaster Recovery Strategien

Disaster Recovery sollte mehr als nur Backups umfassen. Es geht auch darum, sicherzustellen, dass im Falle eines schwerwiegenden Ausfalls der Betrieb schnell wiederhergestellt werden kann.

- **Multi-Region-Deployments**: Vermeiden Sie das Risiko von Ausfällen in einem einzigen Rechenzentrum, indem Sie Ihre Anwendungen über mehrere Regionen hinweg verteilen.
- **Cold/Hot-Standby**: Halten Sie eine Cold- oder Hot-Standby-Umgebung bereit, die im Notfall aktiviert werden kann.
- **Testen von Wiederherstellungsprozessen**: Stellen Sie sicher, dass Ihre Disaster-Recovery-Prozesse regelmäßig getestet und überprüft werden.

6.4 Sicherheit im produktiven Betrieb

Im produktiven Einsatz von Kubernetes ist die Sicherheit von größter Bedeutung. Kubernetes bietet viele eingebaute Sicherheitsfunktionen, die richtig konfiguriert werden müssen, um Angriffe zu verhindern und sensible Daten zu schützen.

6.4.1 Secrets Management

Secrets in Kubernetes werden verwendet, um vertrauliche Informationen wie Passwörter, API-Schlüssel oder Zertifikate sicher zu speichern. Sie sollten niemals im Klartext in den YAML-Dateien oder der Versionskontrolle gespeichert werden.

Beispiel für die Erstellung eines Secrets:

```
kubectl create secret generic db-secret
--from-literal=username=myuser
--from-literal=password=mypassword
```

Dieses Secret kann dann in einem Pod verwendet werden:

```
env:
- name: DB_USER
  valueFrom:
      secretKeyRef:
      name: db-secret
      key: username
- name: DB_PASSWORD
  valueFrom:
      secretKeyRef:
      name: db-secret
      key: password
```

6.4.2 Image Security und Best Practices

Stellen Sie sicher, dass alle Container-Images, die in Kubernetes eingesetzt werden, den höchsten Sicherheitsstandards entsprechen:

- **Image Scanning**: Verwenden Sie Tools wie **Clair** oder **Trivy**, um Container-Images nach bekannten Schwachstellen zu durchsuchen.
- **Least Privilege Prinzip**: Container sollten nur die minimal notwendigen Berechtigungen haben. Vermeiden Sie das Ausführen von Containern mit Root-Rechten.
- **Network Policies**: Verwenden Sie Network Policies, um den Netzwerkverkehr zwischen den Pods zu isolieren und nur den notwendigen Datenverkehr zuzulassen.

6.4.3 Auditing und RBAC-Überwachung

Ein Audit-Log hilft, sicherzustellen, dass alle Aktivitäten im Cluster nachverfolgt werden können. RBAC (Role-Based Access Control) sollte regelmäßig überprüft und angepasst werden, um sicherzustellen, dass Benutzer und Anwendungen nur die minimal notwendigen Rechte haben.

Beispiel für eine Audit-Policy:

```
apiVersion: audit.k8s.io/v1
kind: Policy
rules:
- level: Metadata
  resources:
  - group: ""
    resources: ["pods"]
```

6.5 Zusammenfassung

In diesem Kapitel haben wir uns mit den wesentlichen Aufgaben im produktiven Betrieb von Kubernetes auseinandergesetzt. Überwachungs- und Protokollierungslösungen wie Prometheus und der EFK-Stack sind unverzichtbare Werkzeuge, um den Zustand des Clusters zu verstehen und Probleme frühzeitig zu erkennen. Die Skalierung von Pods und Nodes mit HPA und dem Cluster Autoscaler stellt sicher, dass Ressourcen dynamisch an die Anforderungen angepasst werden. Zudem haben wir die Bedeutung von Backup- und Disaster-Recovery-Strategien sowie den Schutz sensibler Daten und Ressourcen durch Kubernetes-Sicherheitsfunktionen betont.

Im nächsten Kapitel werden wir auf typische Anwendungsfälle und Best Practices für die Implementierung von Kubernetes in verschiedenen Branchen eingehen.

Kapitel 7: Typische Anwendungsfälle von Kubernetes

Kubernetes hat sich als bevorzugte Plattform für die Orchestrierung von containerisierten Anwendungen etabliert und wird in vielen verschiedenen Branchen und Anwendungsbereichen eingesetzt. In diesem Kapitel betrachten wir typische Einsatzszenarien von Kubernetes und zeigen auf, wie Unternehmen und Organisationen Kubernetes nutzen, um ihre Anwendungen zu betreiben, zu skalieren und zu optimieren. Diese Anwendungsfälle bieten wertvolle Einblicke in die Stärken von Kubernetes und wie diese in der Praxis angewendet werden können.

7.1 Kubernetes für Microservices-Architekturen

Ein wesentlicher Vorteil von Kubernetes ist seine Fähigkeit, komplexe **Microservices-Architekturen** effizient zu betreiben. Microservices erlauben es, Anwendungen in kleinere, unabhängige Dienste zu zerlegen, die jeweils eigene Aufgaben erfüllen. Kubernetes bietet die ideale Plattform, um solche Architekturen zu verwalten, zu skalieren und zu überwachen.

7.1.1 Deployment von Microservices

Bei der Einführung von Microservices stoßen viele Unternehmen auf Herausforderungen hinsichtlich der Verwaltung und Orchestrierung einer Vielzahl von Diensten. Kubernetes hilft dabei, Microservices isoliert voneinander zu betreiben, sie einfach zu skalieren und ihre Verfügbarkeit sicherzustellen. Durch das Deployment jedes Microservices in einem eigenen Container wird eine strikte Trennung und Unabhängigkeit erreicht.

Ein einfaches Beispiel für den Einsatz von Microservices in Kubernetes könnte ein Web-Shop sein, der folgende Microservices verwendet:

- **Frontend**: Präsentation der Benutzerschnittstelle
- **Backend**: Verwaltung der Bestellungen und Benutzerkonten
- **Datenbank**: Speicherung von Transaktionsdaten

Jeder dieser Dienste wird als separates Deployment in Kubernetes verwaltet und kann unabhängig skaliert und aktualisiert werden.

7.1.2 Kommunikation zwischen Microservices

In Microservices-Architekturen ist die Kommunikation zwischen den verschiedenen Diensten entscheidend. Kubernetes stellt hierfür **Services** bereit, die eine stabile Netzwerkverbindung zwischen den

Microservices ermöglichen, unabhängig davon, auf welchem Node die Pods ausgeführt werden. Durch den Einsatz von Ingress-Controllern und Service-Mesh-Technologien (z. B. **Istio**) können Sie fortschrittliche Routing- und Kommunikationsmuster implementieren.

- **Service Discovery**: Kubernetes stellt sicher, dass Dienste automatisch über den DNS-Resolver des Clusters gefunden werden.
- **Service Mesh**: Ein Service Mesh wie Istio fügt zusätzliche Layer für Sicherheit, Überwachung und Steuerung der Kommunikation zwischen den Diensten hinzu.

7.2 Kubernetes für DevOps und Continuous Integration/Continuous Deployment (CI/CD)

DevOps-Teams profitieren besonders von der Automatisierung, die Kubernetes bietet. Kubernetes ist ein idealer Partner für **Continuous Integration/Continuous Deployment (CI/CD)**-Pipelines, indem es wiederholbare und konsistente Umgebungen schafft, die die Entwicklung und Bereitstellung von Software beschleunigen.

7.2.1 CI/CD-Pipelines mit Kubernetes

Viele Organisationen integrieren Kubernetes in ihre CI/CD-Pipelines, um die Automatisierung von Tests, Builds und Deployments zu optimieren. Tools wie **Jenkins**, **GitLab CI** oder **Tekton** ermöglichen es, Kubernetes-Cluster zu nutzen, um Builds zu erstellen, Unit-Tests auszuführen und Anwendungen in verschiedenen Umgebungen bereitzustellen.

Beispiel für eine einfache Jenkins-Pipeline, die eine Anwendung in Kubernetes bereitstellt:

```
pipeline {
    agent any
    stages {
    stage('Build') {
        steps {
            sh 'docker build -t my-app:latest .'
        }
    }
    stage('Deploy to Kubernetes') {
        steps {
            sh 'kubectl apply -f
k8s-deployment.yaml'
        }
    }
    }
}
```

Durch die Verwendung von Kubernetes in der CI/CD-Pipeline können Entwickler ihre Anwendungen nahtlos von der Entwicklungs- in die Produktionsumgebung überführen und gleichzeitig eine hohe Wiederholbarkeit und Konsistenz sicherstellen.

7.2.2 Blue-Green- und Canary-Deployments

Kubernetes erleichtert die Implementierung fortgeschrittener Deployment-Strategien wie **Blue-Green-Deployments** und **Canary-Deployments**:

- **Blue-Green-Deployment**: Bei dieser Strategie wird eine neue Version der Anwendung parallel zur bestehenden Version bereitgestellt. Sobald die neue Version getestet und validiert ist, wird der gesamte Traffic auf sie umgeschaltet.
- **Canary-Deployment**: Hier wird nur ein kleiner Teil des Traffics auf die neue Version geleitet, während der Rest auf

die alte Version bleibt. Auf diese Weise können potenzielle Probleme frühzeitig erkannt und minimiert werden.

7.3 Kubernetes für Big Data und Machine Learning

Ein weiterer vielversprechender Anwendungsfall für Kubernetes ist der Betrieb von **Big Data**- und **Machine Learning**-Workloads. Kubernetes bietet die notwendigen Werkzeuge, um ressourcenintensive Rechenprozesse effizient und skalierbar auszuführen.

7.3.1 Big Data-Verarbeitung mit Kubernetes

Big Data-Anwendungen, die Frameworks wie **Apache Hadoop**, **Apache Spark** oder **Flink** verwenden, profitieren von der Skalierbarkeit und Ressourcenverwaltung, die Kubernetes bietet. Durch die Nutzung von Kubernetes kann die Datenverarbeitung auf viele Nodes verteilt und die Rechenleistung dynamisch skaliert werden.

Beispiel: Der Einsatz von Apache Spark in Kubernetes kann über einen Spark-Operator vereinfacht werden, der die Verwaltung von Spark-Jobs im Cluster übernimmt. Dies ermöglicht eine flexible und skalierbare Big Data-Verarbeitung, ohne die Notwendigkeit, eigene Cluster zu betreiben.

7.3.2 Machine Learning auf Kubernetes

Kubernetes eignet sich hervorragend für **Machine Learning (ML)**-Workloads, insbesondere für Training- und Inferenzprozesse, die oft ressourcenintensiv sind. Tools wie **Kubeflow** ermöglichen es, ML-Workflows auf Kubernetes zu orchestrieren, inklusive Modelltraining, Hyperparameter-Tuning und Bereitstellung der Modelle.

- **Kubeflow Pipelines**: Bietet eine Plattform zur Erstellung, Bereitstellung und Verwaltung von ML-Pipelines in Kubernetes.
- **GPU-Unterstützung**: Kubernetes unterstützt Hardware-Beschleunigung (z. B. GPUs), die für ML-Modelle entscheidend ist, um die Rechenleistung zu maximieren.

7.4 Kubernetes in Multi-Cloud- und Hybrid-Cloud-Umgebungen

Viele Unternehmen möchten nicht nur auf eine einzige Cloud-Umgebung setzen, sondern eine **Multi-Cloud-Strategie** verfolgen oder bestehende On-Premise-Ressourcen mit der Cloud kombinieren. Kubernetes ermöglicht es, Workloads nahtlos über verschiedene Cloud-Anbieter und lokale Rechenzentren hinweg zu betreiben.

7.4.1 Multi-Cloud-Strategien mit Kubernetes

Durch die Abstraktion der Infrastruktur ermöglicht Kubernetes, dass Anwendungen unabhängig von der zugrunde liegenden Plattform (z. B. AWS, Azure oder Google Cloud) betrieben werden können. Dies reduziert das Risiko eines Lock-ins bei einem einzelnen Anbieter und bietet gleichzeitig Flexibilität bei der Nutzung der besten Cloud-Dienste.

- **Cluster Federation**: Kubernetes unterstützt die Föderation von Clustern über verschiedene Regionen und Clouds hinweg, was es ermöglicht, Workloads über mehrere Cluster zu verteilen.

7.4.2 Hybrid-Cloud-Szenarien

Unternehmen, die sowohl eigene Rechenzentren als auch Cloud-Ressourcen nutzen, können Kubernetes einsetzen, um **Hybrid-Cloud-Szenarien** zu realisieren. Mit Lösungen wie **Kubernetes on Bare Metal** oder **AWS Outposts** können On-Premise-Ressourcen wie mit der Cloud orchestriert und verwaltet werden.

- **Anwendungsfall**: Ein Unternehmen könnte sensible Daten On-Premise speichern und verarbeiten, während weniger kritische Dienste in der Public Cloud laufen. Kubernetes bietet die einheitliche Plattform, um beides zu verwalten.

7.5 Kubernetes für Edge Computing

Edge Computing wird zunehmend wichtiger, da Datenverarbeitung immer näher an die Endgeräte verlagert wird. Kubernetes kann auch in **Edge Computing**-Szenarien eingesetzt werden, um Anwendungen auf verteilten Geräten zu orchestrieren und zu verwalten.

7.5.1 Kubernetes am Netzwerkrand

In Edge-Computing-Umgebungen werden Anwendungen oft auf einer Vielzahl von verteilten Geräten und Standorten ausgeführt. Kubernetes bietet die Möglichkeit, diese dezentralen Systeme zu verwalten und sicherzustellen, dass Anwendungen auf mehreren verteilten Knoten ausgeführt werden können.

- **K3s**: Eine leichtgewichtige Kubernetes-Distribution, die speziell für Edge Computing und IoT-Anwendungen entwickelt wurde. Sie erfordert weniger Ressourcen und kann auf Geräten mit geringerer Leistung ausgeführt werden.

7.5.2 Anwendungsbeispiele für Edge Computing

Typische Anwendungsfälle für Kubernetes im Edge Computing sind die Steuerung von IoT-Geräten, lokale Datenverarbeitung und Echtzeitanalysen. Ein Beispiel wäre der Einsatz von Kubernetes in autonomen Fahrzeugen oder Produktionsanlagen, in denen Daten lokal verarbeitet und in Echtzeit auf Cloud-basierte Systeme synchronisiert werden.

7.6 Zusammenfassung

In diesem Kapitel haben wir einige der häufigsten und vielversprechendsten Anwendungsfälle von Kubernetes beleuchtet. Von Microservices-Architekturen über DevOps-Pipelines bis hin zu Big Data, Machine Learning und Edge Computing – Kubernetes hat sich als universelle Plattform etabliert, die in einer Vielzahl von Branchen und Anwendungen eingesetzt wird. Insbesondere die Fähigkeit, in Multi-Cloud- und Hybrid-Cloud-Umgebungen zu operieren, eröffnet viele neue Möglichkeiten für Unternehmen, die nach Flexibilität und Skalierbarkeit streben.

Im nächsten Kapitel werden wir Best Practices für die Implementierung und den Betrieb von Kubernetes besprechen, um sicherzustellen, dass Sie die Plattform optimal nutzen.

Kapitel 8: Best Practices für Kubernetes

Nach den umfangreichen theoretischen und praktischen Grundlagen in den vorangegangenen Kapiteln widmen wir uns nun den **Best Practices** für den Betrieb von Kubernetes. Diese Empfehlungen und bewährten Vorgehensweisen helfen Ihnen dabei, Kubernetes-Cluster effizienter, sicherer und stabiler zu verwalten. Besonders in produktiven Umgebungen ist es wichtig, bestimmte Standards einzuhalten, um Ausfälle zu vermeiden, die

Leistung zu optimieren und den administrativen Aufwand zu minimieren.

8.1 Planung und Architektur des Clusters

Die solide Planung und der Entwurf der Cluster-Architektur sind entscheidend für den langfristigen Erfolg und die Effizienz Ihrer Kubernetes-Umgebung. Bei der Einführung von Kubernetes sollten Sie darauf achten, dass der Cluster nicht nur auf Ihre aktuellen Anforderungen zugeschnitten ist, sondern auch für zukünftiges Wachstum und Änderungen vorbereitet ist.

8.1.1 Skalierbarkeit des Clusters

Eine der Hauptstärken von Kubernetes ist die Skalierbarkeit. Um diese zu maximieren, sollte der Cluster von Anfang an so konzipiert werden, dass er sich leicht skalieren lässt – sowohl horizontal (Anzahl der Nodes) als auch vertikal (Ressourcen pro Node). Beachten Sie dabei folgende Punkte:

- **Node-Pools**: Erstellen Sie unterschiedliche Node-Pools für verschiedene Arten von Workloads (z. B. CPU-intensive, speicherintensive oder GPU-basierte Workloads), um die Ressourcennutzung zu optimieren.
- **Auto-Scaling**: Implementieren Sie **Cluster Autoscaling**, um Nodes automatisch hinzuzufügen oder zu entfernen, abhängig von der Auslastung.

8.1.2 Multi-Region- und Hochverfügbarkeitsdesign

Wenn Ihre Anwendungen eine hohe Verfügbarkeit erfordern, sollten Sie Kubernetes-Cluster in mehreren **Regionen** und **Zonen** ausführen. Durch die Verteilung von Nodes und Anwendungen über mehrere Rechenzentren hinweg minimieren Sie das Risiko eines vollständigen Ausfalls bei regionalen Problemen.

- **Hochverfügbarkeit der Control Plane**: Stellen Sie sicher, dass die Control Plane (API-Server, Scheduler und Controller Manager) hochverfügbar ist, indem Sie sie auf mehrere Nodes verteilen.
- **Failover-Strategien**: Verwenden Sie Load-Balancer und DNS-Routing, um Anfragen bei einem Ausfall automatisch auf alternative Cluster oder Regionen umzuleiten.

8.2 Verwaltung von Workloads

Die Verwaltung von Workloads ist eine der zentralen Aufgaben in Kubernetes. Die optimale Konfiguration und Verwaltung der Workloads hilft, die Leistung zu steigern und Fehler zu minimieren.

8.2.1 Optimale Ressourcenverwaltung

Jede Anwendung in Kubernetes benötigt eine klare Zuweisung von **Ressourcen** wie CPU und Speicher. Eine fehlerhafte oder ineffiziente Ressourcenzuweisung kann zu Performance-Problemen oder zu übermäßiger Ressourcennutzung führen.

- **Limits und Requests**: Definieren Sie klare **Requests** (die Mindestressourcen, die ein Container benötigt) und **Limits** (die maximalen Ressourcen, die ein Container verbrauchen darf). Beispiel:

```
resources:
  requests:
    memory: "512Mi"
    cpu: "0.5"
  limits:
    memory: "1Gi"
    cpu: "1"
```

- **ResourceQuotas**: Verwenden Sie **ResourceQuotas**, um sicherzustellen, dass ein Namespace nicht mehr Ressourcen beansprucht als vorgesehen. Dies verhindert, dass eine einzelne Anwendung die Cluster-Ressourcen monopolisiert.

8.2.2 Pod Disruption Budgets (PDBs)

Pod Disruption Budgets sind ein wichtiges Tool, um sicherzustellen, dass Kubernetes-Updates, Wartungsarbeiten oder Skalierungen keine kritischen Anwendungen beeinträchtigen. PDBs legen fest, wie viele Pods einer bestimmten Anwendung gleichzeitig offline gehen dürfen.

Beispiel für ein PDB:

```
apiVersion: policy/v1
kind: PodDisruptionBudget
metadata:
  name: my-app-pdb
spec:
  minAvailable: 2
  selector:
     matchLabels:
     app: my-app
```

Hierbei wird sichergestellt, dass mindestens 2 Pods der Anwendung „my-app" immer verfügbar sind, selbst während Wartungsarbeiten.

8.3 Sicherheit in Kubernetes

Sicherheit ist in jeder Kubernetes-Umgebung von zentraler Bedeutung. Da Kubernetes eine Vielzahl von Komponenten verwaltet und orchestriert, gibt es viele potenzielle Angriffsvektoren. Die Einhaltung von Sicherheitsstandards minimiert das Risiko von Datenverlusten oder unbefugten Zugriffen.

8.3.1 Netzwerkisolierung und Network Policies

Kubernetes ermöglicht es, den Netzwerkverkehr zwischen Pods mithilfe von **Network Policies** zu steuern. Standardmäßig können Pods in einem Cluster miteinander kommunizieren, was für sensible Anwendungen ein Sicherheitsrisiko darstellen kann. Network Policies ermöglichen es Ihnen, den Datenverkehr selektiv zuzulassen oder zu blockieren.

Beispiel für eine Network Policy:

```
apiVersion: networking.k8s.io/v1
kind: NetworkPolicy
metadata:
  name: allow-specific-traffic
spec:
  podSelector:
    matchLabels:
      role: db
  policyTypes:
  - Ingress
  ingress:
  - from:
    - podSelector:
      matchLabels:
          role: frontend
```

Diese Policy erlaubt nur Pods mit dem Label `role: frontend`, mit Pods der Datenbank (`role: db`) zu kommunizieren.

8.3.2 Role-Based Access Control (RBAC)

RBAC ist ein essenzielles Feature, um den Zugriff auf Kubernetes-Ressourcen zu steuern. Mit RBAC können Sie

Benutzern und Diensten spezifische Rollen zuweisen, die klar festlegen, welche Aktionen sie in Kubernetes ausführen dürfen.

Best Practices für RBAC:

- **Least Privilege Prinzip**: Gewähren Sie immer nur die minimal notwendigen Berechtigungen.
- **Trennung von Aufgaben**: Erstellen Sie unterschiedliche Rollen für Entwickler, Operatoren und Administratoren, um klare Verantwortlichkeiten zu definieren.

Beispiel für eine RBAC-Role:

```
apiVersion: rbac.authorization.k8s.io/v1
kind: Role
metadata:
  namespace: default
  name: pod-reader
rules:
- apiGroups: [""]
  resources: ["pods"]
  verbs: ["get", "list"]
```

Diese Rolle erlaubt das Lesen und Auflisten von Pods im Namespace `default`.

8.4 Effiziente Verwaltung von Updates und Rollbacks

In produktiven Kubernetes-Umgebungen müssen Anwendungen regelmäßig aktualisiert werden. Dabei ist es wichtig, dass Updates reibungslos verlaufen und im Falle von Problemen Rollbacks schnell durchgeführt werden können.

8.4.1 Rolling Updates und Canary-Deployments

Kubernetes unterstützt **Rolling Updates**, bei denen neue Versionen von Anwendungen schrittweise bereitgestellt werden, während die alten Versionen noch im Betrieb bleiben. Dadurch wird sichergestellt, dass der Dienst während des Updates verfügbar bleibt.

Beispiel für ein Deployment mit Rolling Update:

```
apiVersion: apps/v1
kind: Deployment
metadata:
  name: my-app
spec:
  replicas: 5
  strategy:
    type: RollingUpdate
    rollingUpdate:
    maxUnavailable: 1
    maxSurge: 1
  template:
    ...
```

Canary-Deployments ermöglichen es, nur einen Teil des Traffics auf die neue Version zu leiten, um sie unter realen Bedingungen zu testen, bevor die gesamte Anwendung umgestellt wird.

8.4.2 Versionskontrolle und Rollback-Strategien

Kubernetes bewahrt den Zustand von Deployments in der Historie auf, sodass es möglich ist, auf frühere Versionen einer Anwendung zurückzugreifen, falls ein Update fehlgeschlagen ist.

- **Rollback**: Führen Sie Rollbacks mit dem folgenden Befehl durch:

```
kubectl rollout undo deployment/my-app
```

8.5 Überwachung und Auditing

Die kontinuierliche Überwachung und das **Auditing** der Kubernetes-Umgebung sind wesentliche Bestandteile eines stabilen Betriebs. Sie helfen dabei, potenzielle Probleme zu erkennen, bevor sie eskalieren, und unterstützen bei der Diagnose von Vorfällen.

8.5.1 Metriken und Logging

Verwenden Sie Tools wie **Prometheus** und **Grafana**, um Metriken Ihrer Kubernetes-Umgebung zu erfassen und zu visualisieren. Dazu gehören CPU- und Speichernutzung, Netzwerktraffic, Anzahl der aktiven Pods und mehr.

- **Alerts**: Konfigurieren Sie Alerts, um benachrichtigt zu werden, wenn Metriken kritische Schwellenwerte überschreiten.
- **Logging**: Verwenden Sie ein zentrales Logging-System (z. B. EFK-Stack – Elasticsearch, Fluentd und Kibana), um Logs von allen Pods und Komponenten zu sammeln und zu analysieren.

8.5.2 Auditing von API-Aktivitäten

Kubernetes bietet eine **Audit Logging**-Funktion, die alle API-Anfragen und Änderungen im Cluster aufzeichnet. Dies ist besonders hilfreich, um sicherzustellen, dass unautorisierte Änderungen erkannt werden.

Beispiel für eine Audit-Policy:

```
apiVersion: audit.k8s.io/v1
kind: Policy
```

```
rules:
- level: RequestResponse
  resources:
  - group: ""
    resources: ["pods"]
```

8.6 Zusammenfassung

In diesem Kapitel haben wir wichtige Best Practices für den Betrieb von Kubernetes-Umgebungen behandelt. Von der Planung des Clusters über die Verwaltung von Workloads bis hin zu Sicherheitsmaßnahmen und Updates bieten diese Empfehlungen eine solide Grundlage, um Kubernetes effizient und sicher zu betreiben.

Im nächsten Kapitel werden wir einen Blick auf die Zukunft von Kubernetes werfen und aufkommende Trends und Technologien analysieren, die das Kubernetes-Ökosystem weiter vorantreiben.

Kapitel 9: Die Zukunft von Kubernetes und aufkommende Trends

Kubernetes hat sich als die führende Plattform für die Orchestrierung von Containern etabliert und ist aus modernen IT-Infrastrukturen nicht mehr wegzudenken. Doch wie jede Technologie entwickelt sich auch Kubernetes stetig weiter. In diesem Kapitel werfen wir einen Blick auf die zukünftigen Entwicklungen und aufkommenden Trends im Kubernetes-Ökosystem. Wir werden analysieren, wie neue Technologien und Paradigmen Kubernetes verändern und welche

Rolle Kubernetes in der Welt der IT in den kommenden Jahren spielen könnte.

9.1 Serverless mit Kubernetes

Der Serverless-Ansatz, bei dem Entwickler sich nicht mehr um die zugrunde liegende Infrastruktur kümmern müssen, wird immer beliebter. Kubernetes kann in diesem Zusammenhang als Basis für Serverless-Frameworks dienen, die Entwicklern eine noch höhere Abstraktionsebene bieten.

9.1.1 Kubernetes und FaaS (Functions as a Service)

Functions as a Service (FaaS) ist ein beliebtes Serverless-Modell, bei dem Code in Form kleiner Funktionen bereitgestellt wird, die bei Bedarf ausgeführt werden. Mehrere Projekte arbeiten daran, FaaS-Lösungen direkt auf Kubernetes aufzubauen:

- Knative: Ein Open-Source-Projekt, das die Implementierung von Serverless auf Kubernetes vereinfacht. Knative ermöglicht die automatische Skalierung von Anwendungen auf Null, wenn sie nicht genutzt werden, und bietet Ereignis-gesteuerte Workflows.

- OpenFaaS: Eine weitere beliebte Plattform, die es ermöglicht, Funktionen direkt auf Kubernetes zu betreiben. OpenFaaS erleichtert die Nutzung von FaaS-Modellen für Unternehmen, die bereits Kubernetes einsetzen.

Mit diesen Lösungen können Kubernetes-Nutzer die Vorteile des Serverless-Paradigmas nutzen, ohne ihre Infrastruktur vollständig neu aufbauen zu müssen.

9.1.2 Vorteile und Herausforderungen von Serverless auf Kubernetes

Der Hauptvorteil von Serverless in Kubernetes liegt in der Ressourcenschonung und der Skalierbarkeit. Funktionen werden nur bei Bedarf ausgeführt, wodurch Kosten gesenkt und Ressourcen optimal genutzt werden. Allerdings gibt es auch Herausforderungen:

- Komplexität: Obwohl Kubernetes Serverless unterstützt, erfordert es ein gewisses Maß an Know-how, um die richtige Konfiguration und Infrastruktur aufzubauen.

- Kalte Starts: Wie bei vielen FaaS-Lösungen kann es bei Serverless-Ansätzen zu Verzögerungen beim Starten einer Funktion kommen, wenn keine laufenden Instanzen vorhanden sind.

9.2 Kubernetes und künstliche Intelligenz (KI)/Maschinelles Lernen (ML)

Ein weiteres spannendes Zukunftsfeld ist die Kombination von Kubernetes mit künstlicher Intelligenz und maschinellem Lernen. Da ML-Modelle oft ressourcenintensive Workloads benötigen, bietet Kubernetes eine ideale Plattform, um diese Workloads zu orchestrieren und zu skalieren.

9.2.1 Kubeflow: Kubernetes für Machine Learning

Kubeflow ist ein Open-Source-Projekt, das speziell dafür entwickelt wurde, Machine-Learning-Workloads auf Kubernetes zu verwalten. Es bietet eine Plattform für die Entwicklung, Skalierung und

Bereitstellung von ML-Modellen und ermöglicht die Verwaltung von End-to-End-ML-Pipelines.

Zu den Hauptkomponenten von Kubeflow gehören:

- Kubeflow Pipelines: Ermöglicht die Orchestrierung und Verwaltung komplexer ML-Workflows.
- Katib: Ein Tool für Hyperparameter-Tuning, um die Leistung von ML-Modellen zu optimieren.
- KFServing: Ein System für die einfache Bereitstellung von ML-Modellen in Kubernetes-Umgebungen.

9.2.2 KI/ML-Trends mit Kubernetes

Da sich ML-Modelle immer weiterentwickeln und immer mehr Daten verarbeitet werden, wächst der Bedarf an Plattformen, die in der Lage sind, diese Lasten zu tragen. Kubernetes bietet die perfekte Grundlage für ML-Infrastrukturen, insbesondere in Kombination mit speziellen Hardware-Anforderungen wie GPUs oder TPUs (Tensor Processing Units). Die Fähigkeit von Kubernetes, diese Ressourcen dynamisch zu verwalten, ist ein Schlüsselvorteil für ML-Workloads.

9.3 Kubernetes und Edge Computing

Mit der wachsenden Verbreitung des Internet der Dinge (IoT) und des Edge Computings wird die Notwendigkeit größer, Anwendungen näher an den Endgeräten auszuführen. Kubernetes entwickelt sich zunehmend zur bevorzugten Plattform für Edge-Computing-Umgebungen, da es die Verteilung und Verwaltung von Workloads über entfernte Standorte hinweg ermöglicht.

9.3.1 Kubernetes in der Edge-Computing-Landschaft

Edge Computing erfordert spezielle Anpassungen in Kubernetes, um den einzigartigen Anforderungen gerecht zu werden. Zwei wesentliche Trends zeichnen sich dabei ab:

- K3s: Eine leichtgewichtige Kubernetes-Distribution, die speziell für Edge- und IoT-Anwendungen entwickelt wurde. K3s benötigt weniger Ressourcen und ist einfach zu verwalten, was es ideal für den Einsatz in ressourcenbeschränkten Umgebungen macht.
- MicroK8s: Eine weitere kompakte Version von Kubernetes, die leichtgewichtig und schnell zu implementieren ist. MicroK8s kann auf Edge-Geräten, Servern und sogar IoT-Hardware eingesetzt werden.

9.3.2 Anwendungsfälle für Kubernetes im Edge Computing

Typische Einsatzbereiche für Kubernetes im Edge Computing umfassen:

- Fabrikautomation: Kubernetes wird verwendet, um verteilte IoT-Geräte in Produktionsanlagen zu steuern und die Daten in Echtzeit zu verarbeiten.
- Autonome Fahrzeuge: In Fahrzeugen installierte Kubernetes-Instanzen können zur Echtzeit-Datenverarbeitung und -Analyse beitragen, während sie gleichzeitig mit zentralen Cloud-Systemen synchronisiert bleiben.

Edge Computing wird zunehmend als Erweiterung von Cloud- und On-Premise-Umgebungen gesehen, und Kubernetes ist das zentrale Werkzeug, um Workloads über die gesamte Infrastruktur hinweg zu orchestrieren.

9.4 Multi-Cluster- und Multi-Cloud-Verwaltung

In der heutigen Welt setzen viele Unternehmen auf Multi-Cloud-Strategien, um sich nicht von einem einzigen Cloud-Anbieter abhängig zu machen. Kubernetes entwickelt sich zu einem entscheidenden Werkzeug, um Anwendungen über mehrere Cloud-Anbieter und lokale Rechenzentren hinweg zu verwalten.

9.4.1 Kubernetes Federation

Kubernetes Federation ist ein Projekt, das es ermöglicht, mehrere Kubernetes-Cluster zu verwalten und miteinander zu verbinden. Dies ist besonders nützlich, wenn Unternehmen Workloads in verschiedenen Regionen, Clouds oder hybriden Umgebungen betreiben.

Vorteile der Kubernetes Federation:

- Zentrale Verwaltung: Mehrere Cluster können von einer zentralen Instanz aus verwaltet werden.
- Ausfallsicherheit: Workloads können bei Ausfällen oder Problemen nahtlos zwischen verschiedenen Clustern verschoben werden.
- Konsistenz: Einstellungen und Richtlinien können konsistent auf alle Cluster angewendet werden.

9.4.2 Multi-Cloud-Orchestrierung

Mit Kubernetes können Unternehmen ihre Anwendungen unabhängig von der Cloud-Infrastruktur orchestrieren. Dies bietet mehrere Vorteile:

- Wettbewerbsvorteil: Unternehmen können die besten Services und Preise verschiedener Anbieter nutzen.

- Resilienz: Multi-Cloud-Strategien bieten eine höhere Ausfallsicherheit, da Workloads nahtlos zwischen verschiedenen Cloud-Plattformen wechseln können.

Projekte wie Anthos (Google Cloud) und Azure Arc (Microsoft) bieten integrierte Lösungen zur Verwaltung von Multi-Cloud- und hybriden Kubernetes-Umgebungen.

9.5 Kubernetes und Sicherheitsinnovationen

Die wachsende Verbreitung von Kubernetes bringt auch neue Herausforderungen im Bereich der Sicherheit mit sich. Kubernetes-Sicherheitsinnovationen werden zunehmend wichtiger, um die komplexe Infrastruktur zu schützen.

9.5.1 Zero-Trust-Security mit Kubernetes

Der Zero-Trust-Security-Ansatz, der davon ausgeht, dass kein Teil des Netzwerks oder der Infrastruktur per se vertrauenswürdig ist, wird immer häufiger auch in Kubernetes implementiert. Dies erfordert umfassende Authentifizierung, Autorisierung und Verschlüsselung in jedem Schritt der Kommunikation und für jeden Service.

Zu den wichtigsten Zero-Trust-Praktiken für Kubernetes gehören:

- Pod-Level-Security: Durch den Einsatz von Network Policies und Pod Security Policies wird der Zugriff auf und von Pods streng reguliert.
- Mutual TLS: Dienste innerhalb des Clusters kommunizieren über verschlüsselte Verbindungen, und die Identität jedes Dienstes wird überprüft.

9.5.2 Sicherheitsüberwachungen und Automatisierung

Zunehmend kommen KI-basierte Sicherheitstools zum Einsatz, die potenzielle Bedrohungen in Kubernetes-Umgebungen automatisch erkennen und darauf reagieren können. Tools wie Falco und Aqua Security helfen dabei, ungewöhnliches Verhalten zu erkennen und sofort Maßnahmen zu ergreifen.

9.6 Der Weg zu Kubernetes 2.0

Während Kubernetes in seiner aktuellen Form sehr leistungsfähig ist, gibt es laufend Diskussionen über die nächste Generation der Technologie, die als Kubernetes 2.0 oder eine Weiterentwicklung des bestehenden Systems beschrieben wird.

9.6.1 Verbesserungen in der Benutzerfreundlichkeit

Die Benutzerfreundlichkeit von Kubernetes bleibt eine Herausforderung, insbesondere für Anfänger. Die Kubernetes-Community arbeitet daran, das System zugänglicher zu machen. Dies umfasst bessere Benutzeroberflächen, vereinfachte Tools für den Betrieb von Clustern und neue Abstraktionsschichten, um komplexe Aufgaben zu erleichtern.

9.6.2 Integrierte KI und Automatisierung

In der Zukunft könnten KI-gesteuerte Automatisierungen ein zentraler Bestandteil von Kubernetes werden. Solche Systeme könnten in Echtzeit Änderungen an der Cluster-Konfiguration vornehmen, Fehler automatisch beheben und die Ressourcennutzung optimieren, ohne dass menschliches Eingreifen erforderlich ist.

9.7 Zusammenfassung

Dieses Kapitel hat gezeigt, dass Kubernetes auch in Zukunft eine zentrale Rolle in der IT-Welt spielen wird, jedoch ständig neuen Entwicklungen und Trends unterliegt. Von Serverless und Edge Computing bis hin zur Multi-Cloud-Verwaltung und künstlicher Intelligenz – Kubernetes bleibt eine flexible und skalierbare Lösung für moderne IT-Anforderungen. Mit Blick auf die kommenden Jahre wird sich Kubernetes weiterentwickeln und noch mächtiger und benutzerfreundlicher werden.

Im abschließenden Kapitel werden wir die wichtigsten Erkenntnisse des Buches zusammenfassen und Empfehlungen für die Zukunft geben.

Kapitel 10: Zusammenfassung und Ausblick

Im Verlauf dieses Buches haben wir uns intensiv mit den Grundlagen von Containern, der Containerisierungstechnologie Docker und der mächtigen Orchestrierungsplattform Kubernetes auseinandergesetzt. Von den ersten Schritten in der Containerwelt bis hin zu fortgeschrittenen Konzepten und Best Practices im Kubernetes-Betrieb haben Sie nun ein tiefes Verständnis für diese Technologien erlangt. Dieses abschließende Kapitel fasst die wichtigsten Erkenntnisse zusammen und bietet einen Ausblick auf die weitere Entwicklung von Containern und Kubernetes.

10.1 Rückblick auf die Kernkonzepte

Der Beginn unserer Reise war die Einführung in die grundlegenden Konzepte der Containerisierung. Container haben sich als eine revolutionäre Technologie etabliert, die es ermöglicht, Anwendungen konsistent und portabel über verschiedene Umgebungen hinweg auszuführen. Docker als Vorreiter in der Containerisierung hat dazu beigetragen, den Entwicklungsprozess zu transformieren.

10.1.1 Container und Docker

- **Was ist Containerisierung?**: Container ermöglichen es, Anwendungen in isolierten Umgebungen auszuführen, die alle Abhängigkeiten der Anwendung beinhalten.
- **Docker als Containerplattform**: Docker hat die Containerisierung zugänglich und skalierbar gemacht, indem es Werkzeuge zur Verwaltung, Verteilung und Ausführung von Containern bereitstellt.

Docker-Images und -Container haben den Weg für die Entwicklung von Microservices-Architekturen geebnet und sorgen für Flexibilität und Skalierbarkeit in modernen IT-Umgebungen.

10.1.2 Kubernetes als Orchestrierungslösung

Nach der Einführung in Docker folgte die Auseinandersetzung mit Kubernetes, der führenden Plattform zur Orchestrierung von Containern. Kubernetes ermöglicht die Verwaltung von containerisierten Anwendungen auf einer großen Anzahl von Maschinen und bietet Funktionen wie Self-Healing, automatische Skalierung und Load-Balancing.

Die zentralen Konzepte von Kubernetes umfassen:

- **Pods**: Die kleinste Einheit in Kubernetes, die einen oder mehrere Container beinhaltet.
- **Services und Ingress**: Werkzeuge zur Verwaltung des Netzwerks und der Erreichbarkeit von Anwendungen.

- **Deployments**: Mechanismen zur Verwaltung der Ausführung und Aktualisierung von Anwendungen in Kubernetes.

10.2 Best Practices und Betriebsstrategien

Ein wesentlicher Teil dieses Buches war die Diskussion von Best Practices für den Einsatz von Kubernetes in produktiven Umgebungen. Hier sind einige zentrale Punkte, die wir betrachtet haben:

10.2.1 Effiziente Cluster-Architektur

- **Skalierbarkeit**: Kubernetes ermöglicht eine horizontale und vertikale Skalierung von Anwendungen. Eine vorausschauende Planung und der Einsatz von Autoscalern sorgen dafür, dass Ihre Cluster optimal auf wachsende Anforderungen vorbereitet sind.
- **Hochverfügbarkeit**: Durch den Einsatz von Multi-Region-Strategien und das Verteilen von Anwendungen über mehrere Zonen kann die Ausfallsicherheit signifikant verbessert werden.

10.2.2 Sicherheit und Zugriffssteuerung

Sicherheit war ein weiterer wichtiger Aspekt, der in diesem Buch ausführlich behandelt wurde:

- **Network Policies**: Ermöglichen die präzise Steuerung des Netzwerkverkehrs zwischen Pods, um ungewollte Verbindungen zu verhindern.
- **Role-Based Access Control (RBAC)**: Sorgt dafür, dass nur autorisierte Benutzer und Dienste auf die Kubernetes-Ressourcen zugreifen können.

Sicherheit sollte nie nachträglich hinzugefügt werden, sondern integraler Bestandteil der Kubernetes-Strategie sein.

10.2.3 Wartung und Updates

Kubernetes bietet robuste Mechanismen für die Verwaltung von Anwendungen, einschließlich Rolling Updates und Canary-Deployments. Die Fähigkeit, Anwendungen schrittweise zu aktualisieren und bei Bedarf Rollbacks durchzuführen, trägt zur Zuverlässigkeit und Stabilität in produktiven Umgebungen bei.

10.3 Herausforderungen und Lösungen im Kubernetes-Betrieb

Während Kubernetes viele Vorteile bietet, bringt es auch eine gewisse Komplexität mit sich. Besonders der Betrieb in produktiven Umgebungen kann Herausforderungen mit sich bringen, die jedoch mit den richtigen Werkzeugen und Strategien bewältigt werden können.

10.3.1 Komplexität der Verwaltung

Kubernetes stellt zwar mächtige Tools zur Verfügung, die Lernkurve kann jedoch steil sein. Deshalb ist es wichtig, durch **Automatisierung**, **Monitoring** und den Einsatz von Plattformen wie **Helm** oder **Terraform** die Komplexität zu verringern. Automatisierung spielt eine zentrale Rolle bei der Verwaltung großer Kubernetes-Cluster, und durch die Einführung von CI/CD-Pipelines lassen sich kontinuierliche Updates und Rollouts effizienter durchführen.

10.3.2 Monitoring und Logging

Das kontinuierliche Monitoring des Systems ist entscheidend, um Probleme frühzeitig zu erkennen. Tools wie **Prometheus**, **Grafana** und **Elasticsearch** bieten die Möglichkeit, Metriken und Logs zentral zu erfassen und zu analysieren, um eine reibungslose Cluster-Verwaltung zu gewährleisten.

10.4 Der Blick in die Zukunft

Nachdem wir die aktuellen Trends und Technologien im Zusammenhang mit Kubernetes besprochen haben, richten wir nun den Blick auf die Zukunft. Kubernetes entwickelt sich ständig weiter, und es gibt einige vielversprechende Bereiche, die die Plattform noch mächtiger und flexibler machen könnten.

10.4.1 Kubernetes im Serverless-Zeitalter

Der Trend hin zu **Serverless Computing** wird auch in Zukunft eine zentrale Rolle spielen. Projekte wie **Knative** und **OpenFaaS** ermöglichen es, Serverless-Funktionen auf Kubernetes zu betreiben, wodurch die Abstraktion der Infrastruktur weiter vereinfacht wird.

Serverless Kubernetes ist besonders interessant für Unternehmen, die Kosten minimieren und gleichzeitig die Flexibilität ihrer Anwendungen maximieren wollen. Durch den Einsatz von Serverless-Technologien in Kubernetes können Anwendungen dynamisch skaliert und bei Bedarf Ressourcen freigegeben werden.

10.4.2 Kubernetes im Edge Computing und IoT

Das Wachstum des **Edge Computings** und des **Internet of Things (IoT)** wird Kubernetes neue Anwendungsmöglichkeiten bieten. Leichtgewichtige Kubernetes-Distributionen wie **K3s** oder **MicroK8s** sind ideal für ressourcenbeschränkte Umgebungen und ermöglichen es, Workloads näher an den Endgeräten zu betreiben.

Die Fähigkeit von Kubernetes, in verteilten und ressourcenbeschränkten Umgebungen eingesetzt zu werden, macht es zur idealen Plattform für die Verwaltung von IoT- und Edge-Workloads. Besonders in den Bereichen Fabrikautomatisierung, autonome Fahrzeuge und vernetzte Städte wird Kubernetes eine wichtige Rolle spielen.

10.4.3 Weiterentwicklungen im Bereich Multi-Cloud und Hybrid-Cloud

Die Zukunft der IT-Landschaft wird immer mehr auf **Multi-Cloud-Strategien** und **hybride Cloud-Architekturen** setzen. Kubernetes hat sich bereits als bevorzugte Plattform zur Verwaltung von Anwendungen über mehrere Clouds hinweg etabliert, und Lösungen wie **Anthos** und **Azure Arc** ermöglichen es, Kubernetes in unterschiedlichsten Umgebungen zu betreiben.

In der Multi-Cloud-Welt wird Kubernetes als Bindeglied zwischen verschiedenen Cloud-Anbietern dienen und Unternehmen helfen, von der Flexibilität und den Vorteilen verschiedener Clouds zu profitieren, ohne sich an einen einzigen Anbieter binden zu müssen.

10.5 Empfehlungen für die Praxis

Abschließend einige Empfehlungen, die Sie in Ihrer täglichen Arbeit mit Kubernetes berücksichtigen sollten:

1. **Planung und Design sind entscheidend**: Planen Sie Ihre Kubernetes-Architektur mit Blick auf Skalierbarkeit, Ausfallsicherheit und zukünftige Anforderungen.

2. **Sicherheit hat Priorität**: Verankern Sie Sicherheitskonzepte wie RBAC, Network Policies und Pod Security Policies von Anfang an in Ihrer Kubernetes-Strategie.
3. **Automatisierung und Monitoring**: Setzen Sie auf Automatisierungstools und überwachen Sie Ihre Cluster kontinuierlich, um Ausfälle zu minimieren und die Leistung zu maximieren.
4. **Bleiben Sie flexibel**: Nutzen Sie die Vorteile von Kubernetes, um sowohl on-premise als auch in der Cloud oder am Edge flexibel zu bleiben.

Kapitel 11: Praktische Fallstudien und reale Anwendungsbeispiele

In den vorangegangenen Kapiteln haben wir uns intensiv mit den theoretischen Grundlagen, der Implementierung und den Best Practices von Containern, Docker und Kubernetes beschäftigt. Nun wollen wir diese Konzepte in die Praxis übertragen, indem wir Fallstudien und reale Anwendungsbeispiele betrachten, die zeigen, wie Unternehmen und Organisationen Kubernetes erfolgreich in ihren Umgebungen einsetzen.

Dieses Kapitel bietet eine Reihe von Fallstudien aus verschiedenen Branchen, um zu demonstrieren, wie Kubernetes eingesetzt wird, um Herausforderungen in der Skalierbarkeit, Automatisierung und Verfügbarkeit zu bewältigen. Es gibt einen praxisnahen Einblick, wie Kubernetes bei der Lösung spezifischer Probleme unterstützt und langfristige Geschäftsziele fördert.

11.1 Fallstudie 1: E-Commerce-Unternehmen

11.1.1 Ausgangssituation

Ein führendes E-Commerce-Unternehmen mit Millionen von Nutzern weltweit hatte das Problem, dass die Anforderungen an ihre Infrastruktur extrem schwankten. Während der regulären Betriebszeiten konnte die Infrastruktur die Last gut bewältigen, aber in Spitzenzeiten, wie z. B. während des Weihnachtsgeschäfts oder Sonderaktionen, geriet sie regelmäßig an ihre Grenzen. Zudem war die Bereitstellung neuer Funktionen und Updates zeitaufwendig, da sie monolithische Anwendungen verwendeten, die schwer zu aktualisieren waren.

11.1.2 Lösung durch Kubernetes

Das Unternehmen entschied sich, auf eine **Microservices-Architektur** umzusteigen und Kubernetes als Plattform für die Orchestrierung der Container-basierten Anwendungen einzusetzen. Die wichtigsten Schritte im Übergang waren:

- **Migration der monolithischen Anwendungen** zu Microservices: Die einzelnen Teile der Applikation, wie das Warenkorbsystem, die Produktsuche und das Zahlungsmodul, wurden als separate Dienste in Containern umgesetzt.
- **Automatische Skalierung**: Kubernetes ermöglichte es, die verschiedenen Microservices automatisch nach Bedarf zu skalieren. Dies war besonders nützlich bei plötzlichen Traffic-Spitzen.
- **Schnelle Bereitstellung und Updates**: Mit Kubernetes konnte das Unternehmen Continuous Integration und Continuous Delivery (CI/CD) Prozesse einführen, sodass

neue Funktionen und Sicherheitsupdates kontinuierlich in Produktion gebracht werden konnten, ohne den Betrieb zu unterbrechen.

11.1.3 Ergebnis

Durch die Umstellung auf Kubernetes konnte das Unternehmen seine Infrastruktur effizienter und flexibler gestalten. Die Anwendung skalierte automatisch bei hoher Last, und die Verfügbarkeit verbesserte sich signifikant. Darüber hinaus konnte das Team die Time-to-Market neuer Features drastisch verkürzen und regelmäßige Updates ohne Ausfallzeiten bereitstellen.

11.2 Fallstudie 2: FinTech-Unternehmen

11.2.1 Ausgangssituation

Ein FinTech-Unternehmen, das Finanzdienstleistungen wie Online-Banking und Kreditvergabe anbietet, stand vor dem Problem, dass es in einer stark regulierten Branche tätig war und strenge Anforderungen an **Datenschutz** und **Sicherheit** erfüllen musste. Gleichzeitig musste es skalierbare und hochverfügbare Dienste bereitstellen, um seine wachsende Kundenzahl zu bedienen.

11.2.2 Lösung durch Kubernetes

Kubernetes bot die ideale Plattform, um die hohen Anforderungen an Sicherheit und Compliance in einer dynamischen und skalierbaren Umgebung zu erfüllen. Die folgenden Schritte wurden umgesetzt:

- **Sicherheit durch Isolierung**: Durch den Einsatz von **Network Policies** und **Pod Security Policies** konnte das Unternehmen sicherstellen, dass alle sensiblen Daten innerhalb des Clusters geschützt waren und der Zugriff streng kontrolliert wurde.

- **Compliance durch Auditing**: Kubernetes ermöglichte eine vollständige **Auditierung** von Zugriffen und Änderungen an der Infrastruktur. Tools wie **Falco** wurden eingesetzt, um sicherheitsrelevante Ereignisse in Echtzeit zu überwachen.
- **Skalierung und Hochverfügbarkeit**: Kubernetes ermöglichte es, Dienste wie Transaktionsverarbeitung und Authentifizierung schnell zu skalieren, um dem wachsenden Kundenstamm gerecht zu werden.

11.2.3 Ergebnis

Durch die Nutzung von Kubernetes konnte das FinTech-Unternehmen die Anforderungen an Datenschutz und Compliance erfüllen und gleichzeitig eine hochverfügbare und skalierbare Infrastruktur bereitstellen. Die Isolierung von Daten und Diensten führte zu einer deutlichen Verbesserung der Sicherheitsstandards, und die Fähigkeit, flexibel auf sich ändernde Anforderungen zu reagieren, verschaffte dem Unternehmen einen klaren Wettbewerbsvorteil.

11.3 Fallstudie 3: Medien- und Streaming-Dienstleister

11.3.1 Ausgangssituation

Ein großes Medienunternehmen, das einen Video-Streaming-Dienst anbietet, hatte Schwierigkeiten, mit der ständig wachsenden Nutzerbasis und den Anforderungen an die Bereitstellung von Inhalten in Echtzeit Schritt zu halten. Außerdem war es von hohen Infrastrukturkosten betroffen, da es große Serverkapazitäten vorhalten musste, um in Spitzenzeiten eine hohe Qualität der Streaming-Dienste zu gewährleisten.

11.3.2 Lösung durch Kubernetes

Um diese Herausforderungen zu bewältigen, entschied sich das Unternehmen, seine Streaming-Plattform auf Kubernetes zu betreiben und eine hybride Cloud-Strategie zu verfolgen. Die Lösung bestand aus den folgenden Elementen:

- **Dynamische Skalierung**: Kubernetes ermöglichte eine flexible Nutzung von Cloud-Ressourcen. Während der Hauptverkehrszeiten konnte das Unternehmen automatisch zusätzliche Ressourcen hinzufügen, um die steigende Nachfrage zu bewältigen. Außerhalb der Spitzenzeiten konnten die Ressourcen wieder freigegeben werden, um Kosten zu sparen.
- **Edge Computing für regionale Verteilung**: Durch die Kombination von Kubernetes mit **Edge Computing** wurden Inhalte näher an die Benutzer gebracht, wodurch die Latenzzeiten reduziert und die Qualität der Streams verbessert wurden.
- **Content-Delivery-Optimierung**: Kubernetes unterstützte die Implementierung einer containerisierten **Content-Delivery-Network (CDN)**-Lösung, wodurch die Bereitstellung von Videos optimiert wurde.

11.3.3 Ergebnis

Dank Kubernetes konnte das Medienunternehmen die Skalierbarkeit und Effizienz seiner Infrastruktur erheblich verbessern. Die automatische Skalierung und die hybride Cloud-Architektur führten zu einer erheblichen Reduzierung der Infrastrukturkosten. Gleichzeitig konnte die Streaming-Qualität durch die Nutzung von Edge-Computing-Lösungen verbessert werden, was zu einer höheren Kundenzufriedenheit führte.

11.4 Fallstudie 4: Gesundheitswesen

11.4.1 Ausgangssituation

Ein Gesundheitsdienstleister, der cloudbasierte Software für die Verwaltung von Patientenakten und Telemedizin anbietet, hatte hohe Anforderungen an **Datenschutz** und **Zuverlässigkeit**. Zudem musste das Unternehmen in der Lage sein, mehrere Regionen zu bedienen, da es weltweit tätig war und verschiedene gesetzliche Vorgaben zu Datenschutz in unterschiedlichen Ländern erfüllen musste.

11.4.2 Lösung durch Kubernetes

Kubernetes wurde als Plattform eingesetzt, um die Verfügbarkeit der Dienste in verschiedenen Regionen zu gewährleisten und gleichzeitig die Datenschutzanforderungen einzuhalten:

- **Geografisch verteilte Cluster**: Kubernetes ermöglichte es dem Unternehmen, Cluster in verschiedenen Regionen zu betreiben, um den lokalen Datenschutzgesetzen zu entsprechen und gleichzeitig niedrige Latenzzeiten für die Benutzer zu gewährleisten.
- **Datensicherheit**: Durch den Einsatz von **Verschlüsselung auf Pod-Ebene** und **strenger Zugriffskontrollen** wurde sichergestellt, dass nur autorisierte Benutzer auf sensible Daten zugreifen konnten.
- **Disaster Recovery**: Kubernetes bot die Möglichkeit, automatisierte **Backups** und **Failover-Prozesse** zu implementieren, um die Dienste im Falle eines Ausfalls nahtlos fortzusetzen.

11.4.3 Ergebnis

Durch die Einführung von Kubernetes konnte der Gesundheitsdienstleister seine Infrastruktur so gestalten, dass sie den gesetzlichen Anforderungen entsprach und gleichzeitig eine hohe Verfügbarkeit der Dienste sichergestellt wurde. Die Verwendung von geografisch verteilten Clustern führte zu einer besseren Servicequalität für die Patienten, und die erhöhten Sicherheitsmaßnahmen stärkten das Vertrauen der Nutzer in die Plattform.

11.5 Zusammenfassung der Fallstudien

Die hier vorgestellten Fallstudien zeigen, dass Kubernetes in einer Vielzahl von Branchen und Anwendungsfällen erfolgreich eingesetzt wird. Egal ob E-Commerce, FinTech, Medien oder Gesundheitswesen – Kubernetes bietet durch seine Flexibilität, Skalierbarkeit und Sicherheitsfunktionen die ideale Plattform für den Betrieb containerisierter Anwendungen.

Wichtige Erkenntnisse aus den Fallstudien:

- **Skalierbarkeit**: Kubernetes ermöglicht es, Anwendungen dynamisch zu skalieren, um plötzliche Lastspitzen zu bewältigen.
- **Flexibilität**: Kubernetes kann in verschiedenen Umgebungen eingesetzt werden, von On-Premise-Rechenzentren bis hin zu Cloud- und Edge-Computing-Szenarien.
- **Sicherheit und Compliance**: Unternehmen in stark regulierten Branchen können Kubernetes nutzen, um strenge Sicherheits- und Datenschutzanforderungen zu erfüllen.
- **Kostenoptimierung**: Durch automatisierte Skalierung und hybride Cloud-Architekturen können Unternehmen ihre Infrastrukturkosten signifikant senken.

11.6 Fazit: Kubernetes in der Praxis

Die vorgestellten Fallstudien verdeutlichen, dass Kubernetes nicht nur eine leistungsstarke Plattform für die Orchestrierung von Containern ist, sondern auch eine entscheidende Rolle dabei spielt, Geschäftsprobleme in der Praxis zu lösen. Die Flexibilität, Sicherheit und Skalierbarkeit von Kubernetes machen es zu einem unverzichtbaren Werkzeug für Unternehmen, die moderne IT-Infrastrukturen betreiben.

Kapitel 12: Schlussfolgerungen und Empfehlungen für die Zukunft

Nach einer umfassenden Auseinandersetzung mit den Themen Containerisierung, Docker und Kubernetes ist es nun an der Zeit, die wichtigsten Erkenntnisse und Schlussfolgerungen aus diesem Buch zusammenzufassen. Ziel dieses Kapitels ist es, Ihnen nicht nur einen klaren Überblick über das bisher Gelernte zu geben, sondern auch Handlungsempfehlungen und einen Blick in die Zukunft der Container-Orchestrierung zu bieten.

12.1 Rückblick auf die Kernpunkte des Buches

In den vorangegangenen Kapiteln haben wir die Grundlagen, Herausforderungen und Möglichkeiten der Containerisierung und Orchestrierung detailliert untersucht. Im Folgenden werden die wichtigsten Erkenntnisse zusammengefasst:

12.1.1 Die Rolle von Containern in modernen IT-Infrastrukturen

Container haben die Art und Weise revolutioniert, wie Anwendungen entwickelt, bereitgestellt und betrieben werden. Sie bieten eine isolierte, portable Umgebung, die es ermöglicht, Software unabhängig von der zugrunde liegenden Infrastruktur auszuführen. Docker hat diesen Prozess stark vereinfacht und stellt Werkzeuge zur Verfügung, die die Verwaltung von Containern effizienter machen.

- **Vorteile von Containern**: Portabilität, Konsistenz, effiziente Ressourcennutzung und schnelle Bereitstellung.
- **Docker als Schlüsseltechnologie**: Docker hat den Grundstein für die weitverbreitete Nutzung von Containern gelegt und bietet einfache Werkzeuge für Entwickler und Administratoren.

12.1.2 Kubernetes als unverzichtbares Orchestrierungswerkzeug

Während Docker sich auf die Verwaltung einzelner Container konzentriert, ist Kubernetes die Lösung zur Verwaltung und Skalierung von containerisierten Anwendungen in großem Maßstab. Es bietet automatisierte Mechanismen für die Verteilung, Skalierung und Fehlerbehebung von Anwendungen in einer verteilten Umgebung.

- **Kubernetes-Funktionen**: Automatische Skalierung, Self-Healing, Load-Balancing und vieles mehr.
- **Warum Kubernetes?**: Es vereinfacht den Betrieb komplexer, verteilter Systeme und ist ideal für Cloud-native Anwendungen und Microservices-Architekturen.

12.1.3 Herausforderungen und Best Practices

Kubernetes bietet viele Möglichkeiten, aber auch Herausforderungen, insbesondere wenn es um die Verwaltung und Absicherung von produktiven Umgebungen geht. Themen wie

Sicherheitsstrategien, Ressourcenmanagement und die Integration von CI/CD-Pipelines wurden ausführlich behandelt.

- **Sicherheitsmaßnahmen**: Netzwerk- und Zugriffskontrollen, wie Role-Based Access Control (RBAC), Network Policies und Container-Sicherheit.
- **Automatisierung und Skalierung**: Einsatz von Horizontal Pod Autoscalers, CI/CD-Pipelines und Monitoring-Tools wie Prometheus und Grafana.

12.2 Handlungsempfehlungen für den praktischen Einsatz

Basierend auf den Erkenntnissen dieses Buches gibt es einige grundlegende Empfehlungen, die Unternehmen und Entwickler befolgen sollten, um Kubernetes erfolgreich in der Praxis einzusetzen:

12.2.1 Planen Sie die Architektur vorausschauend

Bevor Sie Kubernetes implementieren, sollten Sie Ihre Anforderungen an Skalierbarkeit, Verfügbarkeit und Sicherheit genau definieren. Kubernetes ist extrem flexibel, doch diese Flexibilität erfordert eine durchdachte Planung, um sicherzustellen, dass das System langfristig gut funktioniert.

- **Skalierbarkeit im Blick behalten**: Nutzen Sie die Vorteile der automatischen Skalierung von Kubernetes, aber planen Sie Ihre Ressourcen und Netzwerke vorausschauend.
- **Multi-Cloud- oder Hybrid-Strategie**: In der modernen IT-Infrastruktur können Sie von einer Multi-Cloud-Strategie profitieren, bei der Kubernetes Workloads über verschiedene Cloud- und On-Premise-Umgebungen verteilt.

12.2.2 Investieren Sie in Automatisierung und Monitoring

Kubernetes eröffnet großartige Möglichkeiten für Automatisierung und Überwachung, um den Betrieb zu optimieren und potenzielle Probleme frühzeitig zu erkennen. Investieren Sie in Tools und Prozesse, die diese Automatisierung unterstützen.

- **CI/CD-Pipelines einrichten**: Nutzen Sie kontinuierliche Integration und Bereitstellung, um reibungslose Updates und Rollbacks zu ermöglichen.
- **Monitoring- und Logging-Lösungen**: Setzen Sie Tools wie Prometheus und Grafana ein, um die Gesundheit und Leistung Ihrer Kubernetes-Cluster kontinuierlich zu überwachen.

12.2.3 Sicherheit als integralen Bestandteil der Architektur behandeln

Sicherheit sollte kein nachträglicher Gedanke sein. Kubernetes bietet viele eingebaute Sicherheitsfunktionen, die es Ihnen ermöglichen, Cluster und Workloads abzusichern. Nutzen Sie diese proaktiv.

- **Pod-Sicherheit**: Setzen Sie Pod Security Policies ein, um sicherzustellen, dass Container sicher konfiguriert und ausgeführt werden.
- **Verschlüsselung und Zugangskontrollen**: Stellen Sie sicher, dass sensible Daten verschlüsselt werden und der Zugang zu Ressourcen strikt geregelt ist.

12.3 Die zukünftige Entwicklung von Kubernetes und Containern

Kubernetes wird sich weiterentwickeln und bleibt eine zentrale Technologie in der Cloud-nativen Welt. In diesem Abschnitt werfen wir einen Blick auf einige Trends und Entwicklungen, die in den nächsten Jahren an Bedeutung gewinnen könnten.

12.3.1 Serverless und Kubernetes

Serverless Computing hat das Potenzial, das Anwendungsmanagement noch weiter zu vereinfachen. Während Kubernetes eine umfassende Infrastruktur verwaltet, kann Serverless die Abstraktionsebene noch weiter erhöhen. Projekte wie **Knative** integrieren serverlose Funktionalitäten in Kubernetes und ermöglichen es, Workloads bedarfsgerecht und ohne umfassende Infrastrukturverwaltung auszuführen.

- **Knative und Serverless auf Kubernetes**: Ermöglicht es, serverlose Anwendungen auf Kubernetes auszuführen, indem es die Verwaltung der zugrundeliegenden Infrastruktur weiter abstrahiert.

12.3.2 Kubernetes im Edge Computing

Mit der zunehmenden Verbreitung von **Edge Computing** und dem Internet der Dinge (IoT) wird Kubernetes eine zentrale Rolle bei der Verwaltung verteilter Workloads spielen. Durch kleinere, ressourcenschonendere Distributionen wie **K3s** oder **MicroK8s** kann Kubernetes auch auf Geräten mit begrenzten Ressourcen eingesetzt werden.

- **Edge-Implementierungen von Kubernetes**: Helfen dabei, Workloads näher an den Endverbraucher zu bringen und die

Latenz zu reduzieren, was insbesondere für IoT-Anwendungen und industrielle Automatisierung wichtig ist.

12.3.3 Kubernetes in der Multi-Cloud- und Hybrid-Cloud-Welt

Die Multi-Cloud-Strategie gewinnt weiterhin an Bedeutung, da Unternehmen auf verschiedene Cloud-Anbieter setzen, um Flexibilität und Kostenvorteile zu nutzen. Kubernetes ermöglicht es, Workloads nahtlos über verschiedene Cloud-Anbieter und On-Premise-Umgebungen hinweg zu betreiben, ohne dass signifikante Anpassungen erforderlich sind.

- **Hybrid-Cloud-Lösungen**: Tools wie **Anthos** von Google und **Azure Arc** von Microsoft erlauben es, Kubernetes in Hybrid- und Multi-Cloud-Umgebungen zu betreiben und dabei eine zentrale Verwaltungsebene zu behalten.

12.4 Empfehlungen für den langfristigen Erfolg mit Kubernetes

Die Einführung und Nutzung von Kubernetes erfordert kontinuierliche Anpassungen und Verbesserungen. Hier einige Empfehlungen, die Ihnen helfen, langfristig erfolgreich zu sein:

1. **Lernen Sie kontinuierlich**: Kubernetes entwickelt sich ständig weiter. Es ist wichtig, auf dem Laufenden zu bleiben und neue Entwicklungen zu beobachten.
2. **Bauen Sie eine starke DevOps-Kultur auf**: Kubernetes funktioniert am besten, wenn DevOps-Prinzipien implementiert werden. Eine gute Zusammenarbeit zwischen Entwicklern und Betriebsteams ist entscheidend.

3. **Nutzen Sie die Kubernetes-Community**: Die Kubernetes-Community ist stark und bietet zahlreiche Ressourcen, wie Foren, Meetups und Konferenzen, um sich weiterzubilden und Probleme gemeinsam zu lösen.
4. **Automatisieren Sie, wo immer es möglich ist**: Kubernetes bietet zahlreiche Möglichkeiten zur Automatisierung. Nutzen Sie diese, um Zeit und Ressourcen zu sparen und gleichzeitig die Effizienz zu steigern.

12.5 Fazit

Kubernetes hat sich als der Standard für die Orchestrierung von Containern etabliert und wird auch in Zukunft eine entscheidende Rolle in der IT-Landschaft spielen. Unternehmen, die Kubernetes einsetzen, können von seiner Flexibilität, Skalierbarkeit und Automatisierung profitieren, um ihre Anwendungen effizient zu betreiben und auf zukünftige Herausforderungen vorbereitet zu sein.

Durch die Kombination von Best Practices, Sicherheitsmaßnahmen und einer vorausschauenden Planung können Sie Kubernetes erfolgreich in Ihrer Organisation implementieren und betreiben. Mit dem Wissen und den Fähigkeiten, die Sie aus diesem Buch erlangt haben, sind Sie nun bestens gerüstet, um die Vorteile von Containern, Docker und Kubernetes voll auszuschöpfen und den nächsten Schritt in Richtung moderner IT-Infrastrukturen zu machen.

Der Autor hat bisher folgende Bücher veröffentlicht:

Titel	ISBN
Go in der Praxis	979-8339062486
Container, Docker und Kubernetes	979-8340218391
Kotlin Programmierung	979-8343523539
Business Intelligence Basics	979-8339533467
Rust für Entwickler	979-8344961064
Programmieren mit R	979-8308053439

www.ingramcontent.com/pod-product-compliance
Lightning Source LLC
LaVergne TN
LVHW051745050326
832903LV00029B/2731